KB210906

# 벼랑 끝의 한국 경제
# 정치가 살려야 한다

# 벼랑 끝의 한국 경제 정치가 살려야 한다

이철환 지음

다락방

# 벼랑 끝의 한국 경제
# 정치가 살려야 한다

발행일 : 2025년 4월 25일

지은이 : 이철환

펴낸이 : 김태문

펴낸곳 : 도서출판 다락방

주  소 : 서울시 서대문구 북아현로 16길 7 세방그랜빌 2층

전  화 : 02) 312-2029

팩  스 : 02) 393-8399

홈페이지 : www.darakbang.co.kr

값 18,000원

ISBN 978-89-7858-117-2 03340

# 책을 펴내며

　지금 우리 경제사회는 혼돈과 불안, 불확실성 속에서 길을 잃고 헤매고 있다. 정치적으로는 비상계엄과 그에 따른 탄핵소추라는 무겁고도 힘든 사태를 맞아 대혼란을 겪고 있다. 경제는 정체 상태를 넘어 위기 국면에 놓여 있으며 1%의 저성장이 고착화하고 있다. 일자리가 부족한 가운데 가계 빚은 사상 최대이고 자영업자와 서민들은 높은 생활물가와 극심한 영업난에 시달리고 있다. 사회 또한 계층 간, 세대 간을 넘어 이념적으로도 진보와 보수로 나뉘어 질시하고 갈등하고 반목하면서 혼돈에 빠져 있다.

　우리나라는 지난 반세기 동안 경제성장을 최우선 목표로 삼고 이에 진력해 왔다. 그 결과 세계에서 가장 빠르게 경제성장을 일궈낸 국가로 기록되었다. 1인당 국민소득 3만 달러 시대를 열면서 선진국의 문턱에 도달하였다. 특히, 인구가 5천만 명을 넘는 국가로는 세계에서 7번째로 그 위업을 달성했다는 평가를 받고 있다.

그러나 최근 들어 성장잠재력이 크게 훼손되고 있다. 한때 10%를 넘어섰던 잠재 성장률이 지금은 2%로 급격히 추락해 있다. 여기에 미래를 담보할 뚜렷한 성장동력도 제대로 발굴하지 못하고 있어서 저성장 추세가 고착화할 가능성이 크다. 일각에서는 이제 한국은 상승세가 정점을 찍고 내리막길을 타는 '피크 코리아(peak Korea)'의 덫에 걸려 있다는 우려를 하고 있다. 일본처럼 '잃어버린 30년'에 빠지는 것은 아닌지 하는 위기감마저 커지고 있다. 한마디로 우리 경제의 현실은 위태로우며 미래 또한 매우 어둡다. 만약 당면한 어려움을 슬기롭게 극복하지 못한다면 우리는 선진국 문턱에서 좌절하게 될 것이다.

더욱이 최근에는 한국 경제를 둘러싼 대내외 여건마저 매우 어렵게 돌아가고 있다. 우선, '미국 우선주의(America First)'를 내걸고 재집권한 트럼프 미국 대통령의 좌충우돌식 정치 성향은 우리 경제에 커다란 불안 요인이다. 그중에서도 대표적인 것은 고관세 부과를 통한 보호무역 강화이다. 모든 나라에 10~20%의 고관세를 부과하고, 또 보복적 성격의 상호관세도 부과할 것이라고 선언하였다. 특히 중국에는 더욱 가혹한 잣대를 들이대어 60%의 고관세 부과라는 가히 관세 폭탄 투하를 예고하고 있다.

트럼프 대통령은 또 미래 첨단산업에 대한 지원시책은 자국 기업 위주로 강화할 것을 선언하였다. 전임 바이든 행정부에서 마련된 미국에 투자할 경우 외국 기업이더라도 보조금을 지원하는 관련 산업법들을 줄줄이 파기할 태세이다. 나아가 미국의 이익에 합치하지 않으면 기존의 동맹관계와 국제협정을 파기할 가능성도 커지고 있다. 이에 큰 폭의 대미흑자를 나타내고 있는 우리나라에 대한 통상 압박은 한층 거세질 것으로 보인다.

국내 상황 역시 '12·3 비상계엄' 선포와 이어진 탄핵소추로 정치뿐만 아니라 경제적 혼란을 겪고 있다. 수출과 내수 모두 크게 위축되면서 있다. 특히 소상공인과 자영업자들은 벼랑 끝까지 몰린 형국이다. 해외 투자은행(IB)들은 2025년 우리나라 경제성장률 전망치를 하향 조정하고 있고, 국제신용평가사들은 한국의 정치적 불확실성이 장기화할 경우 신용등급을 강등할 수 있다고 경고하고 있다. 한국은행은 정국 불안이 실질 국내총생산(GDP) 성장률을 0.2%p 깎아 먹는다고 밝혔다.

실물경제뿐만 아니라 금융시장도 불안정성이 더 커질 것으로 예상된다. 트럼프 대통령 당선 이후 안전자산인 달러에 대한 수요가 커지면서 기축통화인 달러는 초강세 현상을 나타내고 있다. 특히 우리의 경우 1,300원대 후반에서 맴돌던 달러당 환율이 1,400원 선을 웃돌기 시작했다. 이후 비상계엄과 탄핵정국으로 들어서면서는 1,450원을 넘어 1,500원에 근접하였다. 이는 글로벌 금융위기 당시인 2009년 3월 이후 최고치이다.

이처럼 환율이 급등하자 한국 경제는 제2의 외환위기를 걱정하는 분위기에 휩싸이게 되었다. 대외 신인도가 하락하고 국가신용등급도 강등될 우려가 제기되고 있기 때문이다. 또 고환율의 여파는 그렇지 않아도 경기 부진으로 침체해 있던 국내 증권시장을 한층 더 악화시켜 놓았다. 여기에 정치 불확실성까지 가세하면서 투자자들이 대거 이탈하는 등 국내 증시는 가히 빙하기를 맞고 있다. 주가가 큰 폭으로 하락함에 따라 2024년 한 해에만 250조 원 넘는 시가 총액이 증발하였다.

물가는 그나마 비교적 안정되어 있다고 하나, 식료품 가격이 큰 폭으로 상승하는 등 체감물가는 고공 행진을 이어가고 있다. 더욱이 앞으로는 고관세로 인한 수입품 가격 상승으로 물가안정 기조를 유지하는 데 어려움이 가중될 것으로 보인다. 이런 상황에서 미국 연방은행인 Fed는 금리 인하 속도 조절에 들어갔다. 이에 따라 기준금리가 미국보다 1.5%p 이상 낮은 금리 역전 현상을 보이고 있는 우리로서는 경기부양을 위한 금리 인하 여력이 줄어든 상황이다. 한마디로 우리를 포함한 세계 경제에 '고물가 – 고금리 – 고환율'이라는 '신3고(新3高)' 현상이 벌어지고 있다. 이래저래 대외 의존도가 높은 한국 경제로서는 큰 부담이 아닐 수 없다.


이처럼 지금 한국 경제는 여러 가지 부정적인 요인이 동시에 발생하여 큰 위기가 초래되는 '퍼펙트 스톰(Perfect Storm)'에 몰려 있다. 이런 상황에서 우리 경제사회를 안정시키기 위해서는 당면한 경제의 불확실성을 걷어내는 것이 급선무이다. 경제에서 최대 리스크는 불확실성이기 때문이다. 이를 위해서는 무엇보다 한시바삐 정치를 정상화하고 불확실한 대외경제 여건도 슬기롭게 극복하여야 한다. 아울러 미래성장동력도 확충해 나가야 한다.

앞으로 대한민국이 지속 가능한 발전을 이루기 위해서는 정치와 경제의 조화로운 역할이 필수적이다. 정치와 경제가 함께 손을 맞잡고 국민을 위한 길을 열어갈 때, 우리는 더 큰 도약을 이룰 수 있다. 지금 대한민국이 직면한 가장 큰 도전이자 위기는 정치와 경제의 엇갈린 행보이다. 경제는 선진권 문턱까지 도달해 있지만, 정치권은 당리당략에 매몰되어 분열을 조장하는 등 후진성을 면치 못하고 있다.

우리가 새로운 시대를 열어나가려면 전근대적인 경제사회시스템을 과감히 개혁해야 한다. 시스템 개혁과제들이 제대로 추진되려면 이를 뒷받침하는 법과 규칙이 필요한데, 이 역할은 정치권이 담당한다. 정치는 국가발전의 가장 중요한 인프라이자 그 최상층부를 형성하는 뇌 신경세포라고 할 수 있다. 그러나 대한민국은 지금 커다란 정치적 혼돈과 혼란기를 겪으면서 국정 전반이 어려운 상황에 놓여 있다. 이제부터라도 정치인들은 국민에게 희망과 신뢰를 줄 수 있는 리더십을 발휘하여야 한다. 그것이 대한민국이 진정으로 번영하는 길이다.

아울러 국민들도 합리적이면서도 강력한 정치적 리더십 아래 하나로 굳게 뭉쳐 '위기'를 '기회'로 전환하는 지혜를 발휘하여야 한다. 우리는 과거에도 수차례 이런 경험을 지니고 있다. 6·25 한국전쟁 후 우리는 잿더미에서 맨주먹으로 '한강의 기적'을 일구었다. 또 한국 경제 발전사에서 가장 큰 위기였던 IMF 경제 위기도 슬기롭게 조기에 극복함으로써 세계를 놀라게 하였다. 나는 지금의 위기도 얼마든지 이겨낼 수 있을 것으로 믿어 의심치 않는다. 우리 민족에게는 '할 수 있다는 정신(can do spirit)'과 위기 극복의 DNA가 내장되어 있기 때문이다.

나는 이 책을 통해 우리 경제가 처해 있는 상황을 가감없이 진단하려고 노력하였다. 이와 함께 우리가 처한 위기를 슬기롭게 극복하는 방안에 대해서도 나름 제시하였다. 이런 나의 시도가 작은 밀알이 되어 우리 경제가 한시바삐 어려운 국면에서 벗어남과 아울러 한 단계 더 업그레이드되기를 간절히 희망한다. 그리고 모든 국민이 풍요와 행복을 누리는 온전한 선진 경제사회로 이행되기를 기대한다. 아울러 정치 발전도 이루어지기를 염원한다.

2025년 4월

# 차 례

# 제1장

## 정치와 경제의 역학관계

위기의 한국 경제를 살리기 위해서는 무엇보다 국가체제의 상부구조인 정치가 바로 서야 한다. 이제 정치가 경제에 부담을 주지 않는 것만으로는 부족하며 정치가 적극적으로 경제를 도와야 한다. 그리고 정부와 기업은 공동운명체라는 인식 아래 협력을 강화해 나가야 한다. 기업이 탄탄할 때 강건한 정부도 있을 수 있기 때문이다. 한마디로 '좋은 정치 – 좋은 경제'의 선순환 구조를 만들어 나가야 한다.

# 01
# 상부구조 정치,
# 하부구조 경제

## 밀접한 관계를 맺고 있는 정치와 경제

정치와 경제는 국가체제 형성과 운영의 핵심요소로서, 국민의 삶과 미래에 큰 영향을 미친다. 일반적으로 정치가 국가체제 및 근간의 상부구조를 이룬다고 할 때 경제는 하부구조를 형성한다고 할 수 있다. 그런데 매사에 하부구조가 튼튼해야 한다. 이는 모든 사물은 상부구조가 다소 부실하더라도 하부구조가 튼튼하면 그런대로 지탱해 나갈 수 있지만, 하부구조가 부실하면 상부구조가 아무리 빛나더라도 사상누각에 불과하기 때문이다. 물론 이 논리가 정치의 중요성을 등한시해도 좋다는 뜻은 결코 아니다. 그만큼 경제가 중요하다는 것을 의미한다.

정치는 국가의 운명을 결정짓고, 경제는 국민의 삶을 책임진다. 정치는 사회의 규칙과 질서를 정하는 과정으로, 정치적 결정은 국가가 나아가야 할 방향을 제시하게 된다. 정치적 리더들은 국민의 희망과 우려, 욕망과 필요를 대변하며 이를 토대로 정책을 수립한다. 정치적 결정은 국가의 경제적 상황과 사회적 구조에 영향을 미치게 되며 아울러 국가 안보에도 직결된다.

경제는 국민의 생활과 미래를 결정짓는 핵심요소이다. 원래 경제란 경세제민(經世濟民)의 약자로, '세상을 다스리고(經世), 백성을 구제(濟民)한다'라는 의미를 지니고 있다. 국가는 경제정책 추진으로 국민의 일자리, 소득, 소비 패턴 등을 변화시킨다. 경제는 국민 삶의 질을 좌우하며, 개인과 국가의 번영을 책임지게 된다. 경제란 먹고 사는 일에 관련된 분야이기에 민심과 직결된다.

그런 만큼 현대 산업사회에서 가장 중요한 정치 문제는 바로 경제 문제이다. 오늘날 민주주의를 훌륭히 꽃피웠으며 세계 최대의 경제 대국인 미국도 선거 쟁점은 주로 경제 문제이다. 제47대 미국 대선에서 트럼프가 해리슨을 꺾고 승리한 결정적 이유도 바이든 행정부 시절, 높은 인플레로 서민 생활이 고통을 겪었다는 점을 집요하게 파고든 데 있다. 아울러 쇠락해진 산업을 부흥시켜 국민에게 더 많은 일자리를 제공하겠다는 공약이 먹혀든 결과였다.

정치와 경제는 밀접한 관계를 맺고 있다. 이 두 가지 요소는 상호 의존적이며 한쪽의 변화는 다른 한쪽에도 영향을 미친다. 이에 정치

(politics)와 경제(economy)의 합성어인 '폴리코노미(Policonomy)'라는 신조어도 등장하였다. 정치적 결정은 경제에 큰 영향을 미친다. 정부의 정책, 법률은 기업의 이익과 투자에 큰 영향을 미치며 규제의 강도는 기업의 경쟁력과 성과에 영향을 준다. 또 정치적 안정과 예측 가능성은 투자 결정에 영향을 미친다. 따라서 정치적인 결정은 경제의 성장과 안정에 직접적인 영향을 미친다.

특히 세계화가 진전됨에 따라 한 나라의 정치적 결정이 다른 나라 경제에도 영향을 미칠 수 있는 시대가 되었다. 예를 들어 국제 무역정책이나 외교 관계의 변화는 전 세계 시장에 직간접적인 파장을 불러일으키기 마련이다. 트럼프 미국 대통령의 고관세 정책은 전 세계의 교역 규모와 성장률을 둔화시키고 있으며 브렉시트(Brexit)도 하나의 예이다. 영국이 유럽연합(EU)을 탈퇴하는 과정에서 주변국에 끼친 파장은 상당했다. 금융과 노동시장, 무역, 투자 유치 등에 직접적인 영향을 미쳤고, 유럽 전체의 흐름에도 변화를 초래하였다.

2016년 발효된 파리 기후변화협약 또한 그러하다. 이후 강화되고 있는 국제 사회의 기후 변화 대응정책은 친환경 산업을 성장시키게 되고 이는 새로운 일자리를 창출하는 동시에 기존 산업에 도전이 되고 있다. 즉 석유를 비롯한 화석에너지 산업이 위축되고, 반면 태양광 에너지와 풍력 발전 설비는 확충되는 등 산업구조가 바뀌고 있다. 이런 변화는 단순히 경제지표에만 국한되지 않고, 우리 삶의 질에도 큰 영향을 미치게 된다.

제1장 정치와 경제의 역학관계

역으로 경제의 변화도 정치에 영향을 미친다. 경제의 성장과 하락은 정치적인 분위기와 정부의 인기에 영향을 미친다. 예를 들어 일자리 창출 규모, 그리고 기업의 경영 성적과 주가 동향은 정치인들의 지지율과 선거 결과에 영향을 주게 된다. 또 경제 발전은 정치적인 안정을 도모하며, 경제 위기는 정치적인 불안을 초래하게 된다. 이는 미국 대통령 선거의 사례에서 잘 나타나고 있다. 즉 집권 1기의 경제 성적이 좋으면 재임은 떼논 당상이며, 반대로 경제 성적이 나쁘면 여지없이 낙선하게 된다. 이에 따라 정치인들은 좋은 경제성과를 내기 위해 혼신의 노력을 하게 된다.

## '능률(efficiency)'과 '형평(equity)', 경제 원리와 정치 원리

'능률(efficiency)'과 '형평(equity)'은 국가의 발전과 국민의 행복 증진이라는 최종 국가 목표를 추구해 나가는 과정에서 상호 보완 혹은 대체되는 2대 중간 정책 목표이자 과정이기도 하다. 그리고 능률은 경제 원리의 속성으로, 형평은 정치 논리의 속성으로 여겨지고 있다.

일반적으로 정치 논리라 하면 힘에 의한 지배 원리, 또는 골고루 나눠먹기식 행태 등 다분히 감성적 요소가 내재해 있다. 이에 반해 경제 논리는 능률과 합리성에 입각한 행동 양식에 기반을 두고 있다. 정치가 형평의 원리에 더 중점을 두고 있다면, 경제는 능률의 원리를 더 중시한다. 다시 말해 정치 논리를 다수결 원칙에 입각한 타협의 논리라 한다면, 경제 논리는 합리적 사고를 바탕으로 한 경쟁의 논리라고 정의할 수 있다.

　이 두 가지 논리 중 어느 것이 더 바람직한지를 평면적으로 비교하기는 쉽지 않다. 그러나 정치는 정치 논리에 따라, 경제는 경제 원리에 따라 이뤄지는 것이 바람직하다는 것은 틀림없는 사실이다. 이처럼 제각기 나름의 원칙과 본분을 준수할 때 제대로 된 성과를 거둘 수가 있으며 그렇지 못하면 뒤죽박죽이 되어 버린다. 이런 연유로 국가 경제를 운영해 나갈 때 경제 논리가 아닌 정치 논리에 더 영향을 받게 된다면 그 나라의 경제는 훼손되기 쉽다.

　다시 말해 정치가들의 목적이 정권 장악에 있다고 해서 표를 얻기 위해 지역, 기업, 단체 등 이익집단들의 이기주의를 무분별하게 수용한다면 경제는 망가지게 마련이다. 더욱이 훼손된 경제를 다시 복원하기는 처음 경제를 일으킬 때보다 훨씬 더 힘들다는 점을 인식해야만 한다. 이런 사실은 과거 공산권 국가들과 남미제국들의 사례에서 잘 나타나고 있다.

　따라서 경제는 기본적으로 경제 원리에 충실하게 운영되어야 한다. 그래야만 경제가 효율적으로 굴러갈 수가 있으나 현실적으로는 국가의 경제 운용을 해나감에 있어 정치적 영향을 전혀 받지 않기란 거의 불가능하다. '경세제민(經世濟民)'의 약자인 경제도 따지고 보면 하나의 정치적 과정이며, 경제 행위도 결국은 법질서의 테두리 내에서 이뤄질 수밖에 없기 때문이다. 그래서 정치가 바로 서야 경제도 건실하게 돌아가게 된다.

## 정치와 경제의 조화로운 결합과 협력이 필수적

정치는 국가의 장래를 좌우하는 중요한 역할과 기능을 담당한다. 그래서 대다수 국가에서는 정치인들에게 커다란 권한과 책임을 동시에 부여하고 있다. 정치인을 대표하는 국회의원 또한 막대한 혜택과 함께 막강한 권한을 누리고 있다.

이와 함께 국회의원은 국정운영 전반에 대한 다양한 감독 권한을 지니고 있다. 그중에서도 중요한 권한으로 입법권과 예산심의권 그리고 국정조사권이 있다. 그런데 다수의 국민들은 국회의원이 막강한 권한을 행사하는 과정에서 그 권한을 남용해서 경제사회를 어지럽히는 일들이 벌어지고 있다고 여긴다. 국리민복(國利民福)보다 사리사욕을 채우기 위해 여러 가지 무리수를 두고 있다는 비난을 받는 경우가 심심찮게 일어나고 있다.

우리나라는 정치에 너무 많은 힘이 실려 있다. 그리고 매사를 정치로 해결하려는 경향이 커지면서 정치 만능의 사회가 되어가는 것 같은 느낌이다. 많은 사람이 정치권으로 진출하려는 욕망을 지니고 있거나, 혹은 정치권의 힘을 동원하려고 하는 성향이 강하다. 그러나 정치와 정치인에 대한 국민감정은 이와는 정반대이다. 정치의 영향력을 줄이고 아울러 국회의원의 특권을 대폭 축소하거나 폐지해야 한다는 여론이 높다. 이는 정치권에 대한 불신이 그만큼 크다는 방증이다.

세계는 무한경쟁의 경제전쟁을 치르고 있는 시대적 상황에서 대한

민국이 지속 가능한 발전을 이루기 위해서는 정치와 경제의 조화로운 결합과 협력이 필수적이다. 무엇보다 상부구조인 정치가 바로 서야 한다. 정치가 경제에 부담이 되지 않는 것만으로는 부족하며 정치가 경제를 적극적으로 도와야 한다. 정치인들은 당리당략을 넘어 국가적 이익을 최우선으로 하는 리더십을 발휘해야 한다. 협력과 통합을 통해 국민에게 신뢰를 주고, 장기적인 국가 비전을 제시하는 역할에 충실해야 한다.

물론 경제인들도 지속적인 혁신과 성장을 통해 글로벌 경쟁력을 강화하는 동시에, 사회적 책임을 강화하고 공정한 경제구조를 도모해야 한다. 이처럼 경제와 정치가 서로의 강점을 활용하고 약점을 보완하는 협력 관계를 구축할 때, 우리는 진정한 선진국으로 나아갈 수 있다. 다시 말해 정치와 경제가 함께 손을 맞잡고 국민을 위한 길을 열어갈 때 한국은 더 큰 도약을 이룰 수 있다.

# 02
# 정부와 기업은 공동운명체

## 기업이 탄탄할 때 강건한 정부도 가능

국가경쟁력의 근간은 경제력이다. 그런데 자본주의 사회에서의 경제력이란 기업의 경쟁력에 의해 좌우될 수밖에 없다. 따라서 기업이 탄탄할 때 강건한 정부도 있을 수 있다. 그러나 기업이 국가경쟁력을 지키는 첨병이라고 해서 기업만 전쟁에 내보내 놓고 정부는 뒷짐을 진 채 있을 수는 없다. 왜냐면 다른 나라의 경우 한치의 예외 없이 정부 역시 모두 경제전쟁의 전면에 나서고 있기 때문이다.

현대 산업사회에서 정부는 기업과 기업가를 경제 발전이라는 목적을 달성하는데 가장 필수적인 자산으로 간주하고 있다. 그리고 기업은 정부를 기업 활동 수행에 필요한 기본 에너지 공급원 또는 외풍을 막아주는 보호막으로 생각한다. 이는 정부란 기업이 경쟁력을 가질 수 있도록 정책 방향을 설정하고 관련 여건을 조성하는 한편, 필요한 경우에는 정부가 직접 기업의 대변자 또는 협력자, 그리고 조성자로서 역할을 해나가야 한다는 것을 의미한다. 이런 관점에서 볼 때 정부와 기업은 하나의 공동운명체이다.

이는 세계 제1, 2위의 경제 대국인 미국과 중국이 추진하고 있는 경제정책의 사례에서 단적으로 나타나고 있다. 오늘날 중국이 세계 제2의 경제 대국으로 우뚝 서게 된 것은 정부와 기업이 한 몸통이 되어 적극적으로 상호 협력한 데 기인한다. 중국 정부는 기업에 각종 보조금을 지급할 뿐만 아니라 외국의 우수한 기술과 인재를 빼돌리는 데도 앞장서 협력하였다. 정부 지원 덕분에 국제경쟁력을 갖추게 된 기업은 인민들에게 일자리를 제공하고 생활 수준을 높이는 데 이바지하였다. 자연히 공산당 정권은 인민들로부터 신뢰를 받으면서 안정적으로 국가를 운영해 나갈 수 있게 되었다.

미국은 1930년대부터 자국에서 생산한 제품이나 서비스를 우선 구매하도록 하는 '바이 아메리칸 정책(Buy American)'을 취해왔다. 또 바이든 행정부는 쇠락해진 자국의 제조업 경쟁력 강화를 위해 미국 내에 자동차와 배터리, 반도체 생산공장을 설립하면 국적 불문하고 보조금을 지급하는 '인플레이션 감축법(IRA, Inflation Reduction Act)'과 '반도체법(CHIPS)'을 제정·운영해 왔다. 또 집권 2기를 맞게 된 트럼프는 '미국 우선주의(America First)'를 내걸고 자국의 산업경쟁력 강화를 위해 수입 제품에 고율의 관세를 부과하고 있다. 특히 중국산 제품에 대해서는 가히 관세 폭탄이라고 할 정도로 고관세를 부과할 예정이다.

## '정경유착(政經癒着)'의 고리 단절

정부와 기업 간의 관계를 이야기할 때 우리는 흔히 정경유착을 떠올린다. '정경유착(政經癒着)'은 기업주들이 정치권이나 고위 정부 관료에게 비자금을 전달하고 이에 대한 반대급부로서 기업에 특혜를 주는 먹이사슬을 뜻한다. 정치와 경제가 떼려야 뗄 수 없는 상황이라는 것은 당연하다. 경제 역시 한 사회의 시스템 내에서 일어나는 활동이므로 정치 행위를 통해 이루어진 법과 행정과 결코 무관할 수 없다. 다만 '유착되었다'. 즉 '지나치게 밀착해 있다'라고 하는 것은 밀착된 정도가 너무나 지나쳐 부정 청탁이 발생하는 등 사회 부조리로 이어질 때를 일컫는다. 이러한 상황이 그대로 지속할 경우 우리는 무한경쟁의 시대에서 비참한 낙오자가 될 뿐이다.

과거 우리 경제가 짧은 기간에 비약적인 발전을 이룩할 수 있었던 것은 물론 그 과정에서 부정적인 측면이 없지 않은 것도 사실이나 정부와 기업이 상호관계를 돈독히 유지해 왔던 데 기인한다. 그러나 민간주도의 경제 운용이라는 기치를 내걸고 경제를 꾸려오는 과정에서 정부와 기업의 손발이 제대로 맞지 않게 되었고 가끔은 대립 관계를 보이기도 했다. 이로 인해 우리 경제는 더욱 어려운 국면에 처하게 되었다. 물론 지금에 와서 개발연대 초기의 정부와 기업 관계로 회귀하자는 것은 아니다. 이제는 우리가 처한 경제사회 여건이 그럴 수도 없고 그렇게 되어서도 안된다.

이 문제를 해결하기 위해서는 정부와 기업 간의 투명한 관계가 필수적이다. 정부는 공정한 법 집행과 투명한 정책 결정 과정을 구축해야 한다. 기업 또한 사회적 책임을 다하고 윤리경영을 실천해야 한다. 국민도 이러한 부정적 현상을 감시하고 비판하는 역할을 적극적으로 수행해야 한다. 이를 통해 정부와 기업은 서로 건강한 협력 관계를 유지하게 되며, 모든 국민이 고르게 혜택을 받는 공정한 사회를 만들어 나갈 수 있다.

## 정부도, 기업도 일류인 나라

최근 우리 경제의 경쟁력이 매우 취약해지고 있다. 그런데 그 취약성은 구조적 요인에서 비롯된 것으로 단기간에는 치유하기가 어려운 상황이다. 이런 상황을 흔히 '고비용과 저효율' 경제구조라 일컫고 있다. 우리는 한시바삐 '저비용과 고효율' 구조로 바꿔나가야 한다. 이 과정에서 정부와 기업은 힘을 모아야 한다. 물론 기업의 자발적인 생산성 향상과 기술 혁신 노력이 무엇보다 중요하다.

그러나 정부의 지원도 필요하다. 즉 정부는 투명한 게임의 규칙을 설정하고 기업경영환경 개선을 지속해서 지원해 나가야 한다. 이를 위해 정부는 정책 입안단계부터 기업과 긴밀히 협의할 필요가 있다. 이는 진정 기업이 필요로 하는 것이 무엇인지를 제대로 파악해야만 올바른 정책이 만들어질 수 있기 때문이다. 문제 인식에 대한 견해 차이가 있다면 제대로 된 정책이 마련되기 어려울 뿐만 아니라, 기업들로부터 협조도 구하기가 어려워져 정책의 실효성을 거둘 수 없다.

정책의 추진과정에서도 정부는 최소한 기업들이 중간에서 좌절하는 일이 없도록 하는 것은 물론이고, 기업이 신명나게 일할 수 있는 여건을 적극 조성해야 한다. 규제 완화가 대표적인 예가 될 것이다. 또 아울러 세일즈 외교(sales diplomacy)의 강화가 중요하다. 경제전쟁의 시대에서는 국가원수들이 주고받는 주 회담 내용은 자연히 정부 간 경제협력 증진과 기업들의 상호 투자 활동에 관한 것일 수밖에 없다. 또 정부와 기업의 정보 공유도 중요하다. 정보화 시대에는 정보가 가장 중요한 자원이자 경쟁력이기 때문이다.

얼마 전부터 우리 대한민국이 정치와 정부는 4류, 경제와 기업은 2류인 국가가 되어 가고 있다는 비아냥을 받고 있다. 이를 불식하기 위해 우리는 한시바삐 국가 개혁을 통해 모든 것이 1류인 나라가 될 수 있도록 최선을 다해 나가야 한다. 이를 위해 정부와 기업은 각기 자신의 경쟁력을 강화해 나가야 한다. 아울러 상호 신뢰를 회복하고서 새로운 공존공생의 협력 관계를 유지해 나가야만 한다.

먼저 정부는 자신의 경쟁력을 키워 나가는 한편, 산업사회의 첨병인 기업이 활력을 가지고 생명력을 키워 나갈 수 있도록 기업의 경영환경을 개선하는 본연의 임무에 역점을 두어야 한다. 기업도 스스로 창의적이고 건전한 경영 활동에 전념하는 한편, 공공기관으로서 사회적 책임을 강화해 나가야 한다. 이처럼 정부와 기업이 제각기 자신들에게 맡겨진 역할을 충실히 수행해 나가면서 상호 신뢰를 바탕으로 협력 관계도 원활히 유지해 나갈 때 대한민국은 21세기 선진경제사회의 건설이 가능해질 것이다.

# 03
# 좋은 정치, 좋은 경제
# - 혁신과 구조개혁

## 미국과 유럽의 좋은 정치, 좋은 경제

정치가 경제를 살리고 아울러 좋은 경제가 좋은 정치로 또다시 이어지는 선순환 구조의 구체적 사례를 들어보자.

우선, 미국 역사상 유일한 4선 대통령인 프랭클린 루스벨트(Franklin D. Roosevelt) 대통령을 들 수 있다. 그는 대공황을 극복하고 제2차 세계대전을 승리로 이끌어 오늘날 초강대국 미국의 기반을 마련한 대통령으로 칭송받고 있다. 대공황의 그림자가 세계인들을 엄습해 왔을 당시 그는 "우리가 유일하게 두려워해야 할 공포는 두려움 그 자체입니다(The only thing we have to fear is fear itself)"라고 설파하면서 국민에게

용기를 북돋우어 주었다. 그리고 마침내 새로운 시작을 위한 힘을 얻게 된 국민들과 함께 전대미문의 대공황을 이겨내는 업적을 남겼다.

미국은 1929년 '검은 목요일'의 주식 폭락을 시작으로 대공황을 맞게 되었다. 당시 대공황은 미국 내 산업 생산량의 급감 및 회사들의 연이은 파산, 실업률의 급상승 등 극심한 경기침체를 불러왔다. 특히 미국의 1932년 국민총생산은 1929년의 56% 수준으로까지 급락하였다. 실업률도 1929년~1933년 동안 4%에서 25%로 대폭 증가하였다. 그러나 1932년 대통령이 된 루스벨트는 '뉴딜(New Deal)' 정책을 통해 이를 극복해 내었다.

뉴딜 정책은 '3R'이라고 말하는 3가지 분야에 초점을 두고 진행되었다. 첫 번째는 실업자들과 가난한 사람들을 구제하기 위한 '구호(relief)', 두 번째는 경제를 정상 수준으로 '회복(recovery)', 마지막은 반복적인 불황을 방지하기 위해 산업구조를 '개혁(reform)'시키는 것이었다. 그 결과 경제 부흥 뿐만 아니라, 정치와 사회 전반에 걸쳐 긍정적 영향을 남겼다. 다시 말해 미국이 대공황을 극복하고 오늘날의 명실상부한 초강대국으로 이르게 한 토대가 만들어지게 되었던 것이다.

한편, '철의 여인'으로 불린 영국의 마거릿 대처(Margaret Thatcher) 수상은 구조개혁의 원조이다. 1970~80년대 당시의 영국 경제사회는 소위 '고복지 – 고비용 – 저효율'을 특징으로 하는 만성적인 '영국병'에 시달리고 있었다. 그러나 정권을 잡은 마거릿 대처는 강력한 구조개혁을 통해 영국을 '저비용 – 고효율'의 경제구조로 180도 바꿔 놓았다. 당시 그녀가 취한 개혁의 골자는 국영기업들의 민영화 시책과 '빅뱅(Big Bang)'이라 불리는 과감한 금융규제 완화시책들이었다.

특히 '금융빅뱅'은 산업계의 새로운 패러다임이었다. 이는 폭발과도 같은 엄청난 변화가 금융산업에 일어난 후 금융 질서가 이전과는 전혀 다르게 바뀌는 현상을 말한다. 당시 영국에서는 금융 제도가 비효율적으로 운영됨에 따라 금융경쟁력이 현저히 뒤떨어져 있었다. 이에 대처는 빅뱅을 통해 은행·증권사·보험사 간 장벽 제거, 외국 금융기관 진출 허용, 외환거래 자유화 등 파격적인 규제 완화 정책을 추진하였다. 그 덕분에 런던은 세계 최대 금융 중심지로 부상할 수 있었다. 물론 이 구조개혁의 추진과정에서 실업 악화 등의 문제가 불거져 국민들의 불만이 고조되고 대처리즘(Thatcherism)을 비판하는 소리도 없지 않았다. 그러나 지금도 대처는 영국의 경제사회를 바로잡고 안정시킨 장본인으로 칭송받고 있다.

독일의 게르하르트 슈뢰더(Gerhard Fritz Kurt Schröder) 총리도 경제를 살린 정치인으로 평가받는다. 독일은 20세기 말까지만 해도 세계로부터 모범 경제국가로 칭송받아 왔으나 21세기로 들어서면서 심각한 경기침체 국면에 빠지게 된다. 당시 총리직에 있던 슈뢰더는 경기침체의 원인이 단순한 경기 순환적 요인에 의한 것이 아니라 구조적 비능률에 있다고 진단했다. 그래서 그는 2003년 재정 긴축과 복지 축소, 노동 개혁 등을 담은 '아젠다(Agenda) 2010'을 마련·추진하였다.

그러나 고통을 감내해야만 되는 이 시책은 국민들과 자신이 몸담은 당으로부터도 커다란 반발을 사게 된다. 결국 그는 총리직에서 물러나야만 했다. 그런데 시간이 흐를수록 당시 취했던 시책들의 효과가 뚜렷이 나타나면서 수렁에 빠져 있던 독일 경제는 완전히 되살아났다. 이에 따라 지금의 독일인들은 그를 '독일을 구한 사람'으로 추앙하고 있다.

## 아시아의 좋은 정치, 좋은 경제

아시아권에서도 이런 사례는 찾을 수 있다. 우선 인도의 모디 총리가 그렇다. 2014년 5월 인도 총리로 취임한 모디(Narendra Modi)는 2014년 9월에는 '메이크 인 인디아(Make In India)'라는 슬로건 아래 인도가 중국을 제치고 값싼 노동력으로 '세계의 공장' 역할을 하겠다는 야심 찬 계획을 발표하였다. 핵심 내용은 제조업을 육성하여 경제 전체에서 차지하는 제조업 비중을 25%로 증대하고, 매년 10% 이상의 고성장을 달성하겠다는 것이었다. 주요 정책 수단은 외국인 투자의 적극 유치, 재정 지출 축소 및 기업과 기업인에 대한 감세였다.

실제로 취임 후 4년 동안 인도의 매년 평균 경제성장률은 7.23%로 매우 성공적이었다. 공을 들인 제조업 생산액 역시 2017년 기준으로 모디가 총리에 취임하기 전인 2013년 대비 40% 가까이 성장하였다. 다만, 2010년대 후반에 들어서는 경제성장률이 6%대로 떨어지면서 점차 둔화되는 모습을 보였다. 그러나 2021년부터는 다시 7~8%의 높은 성장률을 기록하며 경제 성장을 이어나가고 있다. 이러한 경제 성과를 바탕으로 모디는 2024년 총선에서 3연임에 성공하여 현재도 내각을 이끌고 있다.

일본의 아베 총리도 이 반열에 오른다. 아베 신조(安倍晋三)는 2012년 총리가 된 이후 흔히 '아베노믹스(Abenomics)'라고 부르는 과감한 경기부양책을 쓰기 시작하였다. 그는 취임 후 지난 약 20년간 계속된 경기침체를 해소하기 위하여 연간 물가상승률을 2~3%로 정하고, 과감한 금융완화와 인프라 투자 확대를 위한 확장적 재정정책 등 적극적인 경제성장 정책을 펼쳤다.

우선, 취임 후 10년간 약 200조 엔의 자금을 각종 토목공사에 투입하는 과감한 재정정책 추진을 선언하였다. 또 아베는 당시 미국이 주도했던 환태평양경제동반자협정(TPP) 출범에도 적극적으로 참여하였다. 이는 '아베노믹스'가 공격적인 엔저 정책 및 양적완화에 이어 무역협상도 적극적으로 추진하겠다는 의미였다. 수출기업의 실적 회복을 통해 경기부양을 노리는 아베 정권의 경제정책이 엔저 정책에 이어 관세 철폐로 더 힘을 받게 되기 때문이다.

무엇보다 중요한 아베노믹스의 핵심은 통화정책이었다. 디플레이션과 엔고 탈출을 위해서 무제한의 양적완화, 마이너스 금리 등 모든 정책 수단을 동원하였다. 기존의 제로금리에서 2016년부터는 아예 -0.1%의 마이너스 금리를 도입하였다. 양적완화 시책도 과감하게 추진하였다. 양적완화의 총액 한도를 제거하면서 연간 소비자물가 상승률이 2%에 이를 때까지 무기한으로 통화를 공급할 수 있게 되었다. 매입 대상 국채도 장기화하는 한편 위험자산까지도 포함하였다.

아베노믹스는 시행 즉시 상당한 효과를 나타내었다. 2012년 70엔 대에 머물던 엔/달러 환율이 2013년에는 100엔에 도달한 이후 지속해서 약세를 나타내고 있다. 2025년에는 150엔대에서 등락을 보이고 있다. 그만큼 엔화 가치가 떨어졌다는 의미다. 제로 성장에 익숙해 있던 일본 경제가 2% 가까운 경제성장을 경험하면서 닛케이(日經, Nikkei) 주가지수는 4만 1천 대로 사상 최고치를 보이기도 했다.

아베노믹스 이후 이처럼 일본의 경쟁력은 서서히 회복되기 시작했다. 무엇보다 중요한 것은 오랫동안 잃었던 자신감을 회복할 수 있게 되었다는 사실이다. 과거 20여 년 동안 일본은 경제가 나락에 빠지면서 세계 이류국가 그룹으로 밀려나고 있다는 패배의식에 사로잡혀있었다고 해도 과언이 아니다. 그런데 아베노믹스 이후 확연히 달라지고 있다. 새로운 희망을 보았다는 것이 가장 큰 성과가 아닌가 생각된다.

## 중동의 좋은 정치, 좋은 경제

일반적으로 독재 왕국으로 알려진 중동지역에서도 경제를 살리는 지도자들이 속속 나타나고 있다.

우선 두바이(Dubai)의 사례가 있다. 1960년대까지만 해도 진주 조개잡이로 생업을 겨우 유지해오던 어촌 두바이가 섭씨 50도를 오르내리는 사막의 열기를 이겨내고 그 누구도 생각하지 못한 신세계를 건설해내었다. 두바이의 경제는 석유산업으로부터 발전하기 시작했다. 그러나 현재는 관광, 항공, 부동산, 금융서비스 등이 경제를 이끌고 있으며, 석유가 GDP에서 차지하는 비중은 1% 이하이다. 최근에는 혁신적인 대형 건설 프로젝트와 국제적인 스포츠 행사를 개최하면서 세계적인 주목을 받고 있다.

이처럼 두바이 경제가 천지개벽하게 된 이면에는 강력한 정치지도자의 비전과 추진력이 있다. 즉 석유는 조만간 고갈될 것이기에 미래 먹거리를 위해서는 산업구조를 획기적으로 변화시켜야만 한다는 셰이크 모하메드(Sheikh Mohammed) 왕세자의 지도력 덕택이다. 두바이는 창의력과 상상력을 기반으로 세계 유수의 글로벌 기업과 VIP 쇼핑 고객을 유치하기 위해 '무세금 - 무분규 - 무제한 송금'의 3無 정책 등 발전 전략을 과감히 구사하였다.

그 결과 세계에서 가장 높은 건물 부르즈 칼리파(Burj Khalifa), 휘황찬란한 금장을 두른 7성급 호텔들, 축구장 50개 크기의 실내 쇼핑몰 등이 속속 건립되었고, 마침내 두바이는 세계 최고의 국가 브랜드를 성공적으로 구축할 수 있었다. 나아가 뜨거운 사막 한가운데에 스키장을 건립하는 등 허를 찌르는 역발상의 전략까지 구사함으로써 세계인의 탄성을 자아내게 하였다.

이러한 두바이 정신은 이후 같은 아랍에미리트(UAE)의 최대 토호국인 아부다비(Abu Dhabi)로 전파되었다. 이의 중심에는 UAE의 새로운 대통령으로 선출된 무함마드 빈 자이드 알 나하얀(Mohammed bin Zayed Al Nahyan) 왕세자가 있었다. 그 덕분에 아부다비도 이제는 기존의 유전국가에서 금융과 IT, 우주산업을 중심으로 한 미래 첨단형 국가로 환골탈태하였다. 특히 최첨단 IT기술 글로벌 허브로 거듭나면서 아부다비 도시 전체가 IT기술로 유기적으로 연결돼 있다. 이러한 도시의 기술친화적 환경은 글로벌 IT기업을 끌어모으며 선순환을 만들고 있다.

세계 최대 산유국인 사우디아라비아의 왕세자 무함마드 빈 살만(Mohammed bin Salman)도 이런 부류의 정치인 중 하나다. 빈 살만은 앞으로 석유가 고갈될 경우 다른 기반을 만들어 놓지 않으면 사우디아라비아는 최빈국이 되고 말 것이라는 인식을 지니고 있었다. 이에 그는 석유가 나오고 돈이 들어오는 동안 그 돈을 차기 산업에 투자하여 사우디를 기존의 석유 의존적인 경제구조에서 탈피하여 첨단기술과 민간투자의 중심지로 거듭나게 하는 국가 개발 프로젝트 '비전 2030'을 추진 중이다.

그리고 이의 한 방편으로 친환경 최첨단 도시 '네옴 시티(Neom City)' 건설을 추진 중이다. 이는 세계 최대 규모의 스마트시티이자 저탄소 친환경 도시이며, 최첨단 기술들을 접목하여 세계적인 혁신도시로의 발전을 목표로 하고 있다. 또 제조업 중심에서 지식기반 사회로의 전환을 위한 국가 차원의 대규모 개발사업이기도 하다. 주요 하위 프로젝트로는 홍해 인근에 있는 직선형 도시인 더 라인(The Line), 산악 지형을 활용한 미래형 산악 관광도시인 트로제나(Troseina), 미래형 복합 산업단지로 다양한 글로벌 기업들의 연구소와 공장 등을 유치하는 옥사곤(Oxagon) 등이 있다. 프로젝트 추진에 들어가는 비용은 5,000억 달러에 달한다고 알려졌으나 실제로는 1조 달러 이상일 가능성이 크다.

# 04
# 나쁜 정치, 나쁜 경제
# - 정경유착과 포퓰리즘

정치가 경제를 망친 사례도 허다하다. 사실 지금도 아프리카와 남미에 있는 독재국가에서는 이런 일들이 버젓이 벌어지고 있다. 그 핵심적 요인은 정경유착과 포퓰리즘으로 요약된다.

## '정경유착(政經癒着)'의 사례

'정경유착(政經癒着)'이란 정치와 경제가 밀착해 있는 현상을 말한다. 주로 이해관계가 얽혀있는 상황에서 부도덕한 밀착 관계가 나타나는 경우를 말할 때가 많다. 기업가는 정치인에게 정치자금을 제공하고, 정치인은 기업가에게 여러 가지 특혜를 베풀어 부당한 이익을 얻게 해준다. 이로 인해 기업이 정치권력을 통해 부당한 이익을 얻는 것을 의미하며, 공정한 경쟁을 저해하고 국민의 신뢰를 무너뜨릴 수 있다.

일반적으로 정치 세력이 경제 세력을 압도하므로 대개는 경제인이 정치인에게 조아리지만, 정치가 선진화되었고 자본주의가 발달한 국가에서는 반대의 상황도 종종 발생한다. 이런 정경유착은 일반적으로 민주주의가 뿌리내리지 못하거나 부패가 심한 나라일수록 심하다. 그러나 선진국에서도 종종 일어나고 있다. 심각한 파벌정치가 고착화해 있는 일본 정치권은 2023년 연말부터 비자금 스캔들로 홍역을 치렀다. 이로 인해 기시다 내각 지지율이 10%대로 떨어지면서 정권 교체가 이뤄졌고, 나아가 일본 자민당의 최대 파벌인 '아베파'가 45년 만에 완전히 해체되었다.

불행히도 선진국 문턱에 도달해 있는 우리 또한 아직 이에서 완전히 자유롭지 못한 실정이다. 우리나라 기업인들은 여전히 비자금 조성을 필요악으로 간주하는 경향을 보인다. 이는 우리 기업 풍토에서는 여전히 비자금이 조성될 수밖에 없다는 얘기일 것이다. 우리나라 대기업들치고 비자금 문제가 불거지지 않은 업체가 거의 없을 정도이다. 수많은 기업이 '비자금의 덫'에 걸려 곤욕을 치렀다. 특히 5공과 6공 대통령들의 정경유착을 통한 비자금 스캔들은 우리 경제사회 전반에 엄청난 파장을 불러일으켰다. 그리고 2017년에 있었던 박근혜 전 대통령의 탄핵 사유도 정경유착에서 비롯되었다고 할 수 있다.

정경유착의 문제는 정치와 경제의 상호관계에서 발생하는 부패와 비리로 인해 사회 전반에 부정적인 영향을 미친다는 데 있다. 이런 현상은 경제적 불평등을 심화시키고, 또 특정 기업이나 계층에 혜택이 집중되어 사회적 갈등을 유발하게 된다. 나아가 공공정책이 국민 전체의 이익을 위해 만들어지기보다는 일부 기업과 계층의 이익을 위한 것으로 변질되게 된다.

정경유착의 고리를 단절하기 위해서는 무엇보다 유착의 동인이 되는 정부의 각종 인허가와 규제를 대폭 완화하여 근원적 요인을 제거하는 것이다. 이것이 가장 기본이며 핵심적인 과제이다. 다음으로는 정치자금의 양성화를 통해 돈 안 드는 정치 풍토를 한시바삐 정착시켜야 한다. 아울러 중산층 육성과 의식구조 선진화를 추구해 나가야 한다. 이는 합리적인 사고를 지닌 계층의 사람들이 많아지면 우리 사회 전반에 대한 감시 기능이 강화되기 때문이다.

## '포퓰리즘(populism)'의 사례

한편, 정치권이 경제 발전의 발목을 잡지 않도록 하기 위한 또 다른 과제는 '포퓰리즘(populism)'을 배척해야 한다는 점이다. 특히 '복지 포퓰리즘'을 경계해야 한다. 이는 2008년 유럽의 포르투갈, 아일랜드, 그리스, 스페인 등 소위 'PIGS' 국가들의 사례에서 잘 나타난다. 이들은 공공부문의 비효율성 및 과다한 사회복지 지출로 인해 재정의 건전성이 크게 악화되면서 결국은 IMF로부터 구제금융을 받았다.

이보다 더 잘 알려진 포퓰리즘의 사례는 아르헨티나 경제 몰락의 역사일 것이다. 아르헨티나는 제2차 세계대전 이전까지만 해도 세계에서 가장 잘 사는 국가 중의 하나였다. 그러나 1960년대 이후부터는 경제가 나락으로 떨어지면서 지난 40년간 8차례 이상 국가부도를 경험했다. 그 중심에는 '페론주의(Peronism)'가 있다. 이는 1946년부터 대통령을 역임한 후안 도밍고 페론(Juan Domingo Perón)과 그의 부인 에바 페론(Eva Perón)이 주창한 국가사회주의 이데올로기로, 외자 배제, 산업 국유화, 복지 확대, 임금인상을 통한 노동자 수입 증대 등을 주요 내용으로 한다.

노동자의 지지를 받아 집권한 페론은 친노동정책을 펼쳤다. 복지혜택 확대, 보조금 지급, 대중의 요구에 맞춘 임금인상 등은 단기적으로 대중의 지지를 얻는 데 성공했지만, 장기적으로는 국가재정에 막대한 부담을 주었다. 특히 경제가 침체 상태에 빠졌을 때도 정부는 복지지출을 줄이지 않으면서 이는 재정적자를 더욱 악화시켰다. 정부의 과도한 지출로 인해 발생한 재정적자를 국채 발행과 외채 차입으로 메우려 했으나, 이는 결과적으로 아르헨티나를 채무불이행 상태에 빠지게 만든 주요 원인이 되었다.

이와 동시에 다른 나라들이 산업화와 기술 혁신을 통해 경제 발전을 추진해 나갈 때 아르헨티나는 그러한 변화를 따라가지 못했다. 산업화가 제대로 이루어지지 못한 상황에서 아르헨티나의 경제는 농업 수출에만 의존하게 되었다. 이로 인해 아르헨티나의 수출 경쟁력은 크게 하락했고, 외국인 투자 유치에도 실패하게 되었다. 페론 이후의 대통령들도 이러한 포퓰리즘 정책을 이어온 결과 아르헨티나 경제는 수렁에 빠지게 된 것이다.

2020년 IMF는 아르헨티나가 부채를 감당할 수 없는 수준이라고 밝혔다. 이후 이루어진 채무 재조정 협상 과정을 거쳐, IMF는 2022년 3월 440억 달러 규모의 부채에 대한 아르헨티나 정부와의 합의안을 최종 승인하였다. 그러나 이후에도 인플레가 가속하는 가운데 성장률이 하락하고, 페소화 가치도 급락하는 상황이 되면서 아르헨티나 경제는 총체적 난국에 빠졌다. 2023년 인플레율이 190%에 이르고 기준금리는 118%에 육박하였다.

이처럼 아르헨티나가 겪는 경제 위기의 원인으로 지목되는 것은 정부의 과다한 적자재정이다. 정부의 과도한 재정 지출이 인플레이션, 환율 폭등, 무역수지 적자를 발생시키고 그 결과가 다시 재정수지 악화로 돌아오는 악순환의 연쇄 구조가 일어나게 된 것이다. 물론 그동안 아르헨티나가 자체적으로 쌍둥이 적자에서 벗어나려는 노력을 안 한 것은 아니지만, 노력의 강도가 부족하거나 지속적이지 못하였다.

그나마 하비에르 밀레이(Javier Milei) 대통령이 2023년 12월 취임하면서 상황이 조금씩 나아지고는 있다. 그는 극도의 작은 정부를 추구하며 경제 정상화를 위해 노력하고 있다. 2024년 1월부터는 재정 흑자 상태가 지속하고 있다. 이를 위해 은퇴자의 연금을 동결하고, 공립대학에 대한 재정 지원도 동결했다. 그리고 공식환율을 미국 달러 1달러당 400페소에서 800페소로 평가절하했다. IMF는 이러한 밀레이의 정책을 지지하고 있으며, 경기회복의 초기 조짐을 보인다고 평가했다. 2024년 경제성장률 전망치는 -3.7%, 물가상승률은 연 236%인데, 2025년에는 경제성장률 5%, 물가상승률 연 18.3%로 호전될 것으로 전망하고 있다.

우리 사회에도 복지증진에 대한 국민의 욕구에 편승하여 재원이 뒷받침되지 않은 상황에서 복지정책을 펼치는 '복지 포퓰리즘(populism)' 현상이 갈수록 거세지고 있다. 현대사회에서 노령·실업·산업재해·결손가정·질병 등 다양한 사회문제에 대처하기 위해 복지는 꼭 필요하다. 또 사회적 약자를 배려하고, 사회적 안전망을 구축하는 것은 당연한 국가의 의무이며 국민의 권리이다. 그러나 복지 만능주의는 오히려 사회의 활력을 저하시키고 국가의 재정위기를 초래할 가능성이 있다. 더욱이 한번 달콤한 복지 맛에 길들여지면 이를 줄이기가 거의 불가능할 정도로 어렵다는 점도 잊지 말아야 한다.

그리고 서민들이 당면한 민생고 문제는 복지 강화 시책만으로 해결되는 것은 결코 아니다. 저축하면서 살면 내 집 마련이 그리 어렵지 않고, 공교육이 충실해져서 사교육비 지출을 안 해도 되고, 내 능력에 맞는 일자리를 가질 수 있으며 부정과 반칙이 없는 공정한 경쟁 규칙이 작동하는 건전한 사회경제 구조를 만드는 것이 더 중요하고 근본적인 해법이다.

그런데 이처럼 복지 포퓰리즘이 확산된 이면에는 우리네 보통사람들의 공짜심리도 크게 작용했다고 볼 수 있다. 사람들은 대책 없는 무상복지 시리즈를 공약하는 정치인에게 환호하면서 기꺼이 표를 던진다. 나중에 생길 후유증이나 후손들이 짊어질 부담 같은 건 안중에도 없다. 정치인들은 당선만 되면 그만이고 아무런 책임도 지지 않는다. 유권자인 국민이 복지 포퓰리즘에 휘둘리지 않고 깨어 있어야 할 이유이다.

　무상복지를 감당하기 위해 들어간 돈은 누군가는 갚아야 할 빚이다. 결국은 우리가 갚아야 하는 빚이고, 우리 세대가 감당하지 못하면 우리의 후손들이 짊어져야 할 빚인 것이다. 이 시점에서 우리는 다시 한 번 상기해야 한다. 결코, 공짜 점심은 없다는 것을!

# 05
# 탄핵정국이 경제에
# 미치는 리스크

## 정치 혼란이 초래한 국가의 위기

2024년 12월 3일, 윤석열 대통령은 비상계엄을 선포했다가 4시간 만에 국회의 요구로 해제하였다. 이후 곧바로 대통령 탄핵정국이 시작되었다. 이로 인해 나라 전체가 온통 탄핵 블랙홀로 빠져들면서 경제와 민생문제는 완전히 정지되어 버렸다. 그 결과 한국 경제사회는 커다란 위기를 맞게 되었다. 국제 사회에서도 한국의 정치적 상황에 커다란 우려를 표명하고 있다.

사실 우리는 이미 과거 두 차례의 대통령 탄핵소추를 경험한 바 있다. 즉 2004년 노무현 대통령 시절과 2017년 박근혜 대통령 시절이다. 그런데 지금 벌어지고 있는 탄핵정국이 경제에 미칠 악영향은 과거의 사례보다 훨씬 더 클 것으로 보인다. 당시의 한국 경제성장률은 2004년 5.2%, 2017년 3.4%로 비교적 호조를 보였다. 이는 2004년 중국 경기 호황과 2016년 반도체 사이클의 강한 상승세에 따른 외부 순풍에 힘입어 성장에 큰 애로를 겪지 않았기 때문이다.

그러나 2025년의 한국 경제는 중국 경기둔화와 미국 무역정책의 불확실성으로 인한 외부 역풍에 직면해 있다. 대다수 경제전망기관들은 한국의 성장률이 2% 아래로 곤두박질할 것으로 내다보고 있으며, 그마저도 더 하향 조정하는 추세이다. 국제신용평가사들도 일제히 정국 불안이 장기화할 경우 신용등급을 강등할 수 있다고 경고하고 있다. 물론 현재 벌어지는 정치 상황의 불확실성이 빨리 제거된다면 부정적 영향은 제한적일 수 있다.

## 환율 폭등과 실물경제의 위축

계엄과 탄핵정국이 우리 경제에 미칠 정치적 리스크를 보다 구체적으로 알아보자. 우선 환율이 치솟고 있다. 트럼프가 재집권했다는 소식이 전해지면서 원화 환율은 달러당 1,400원을 넘어섰다. 이후 탄핵정국으로 들어서면서 환율은 더 치솟아 1,500원대까지 향하였다. 환율이 달러당 1,400원을 넘어선 것은 1997년 외환위기, 2008년 글로벌 금융위기, 또 미국 긴축 기조 강화한 시기인 2022년 3회에 불과하다. 그리고 1,450원을 넘어선 것은 2009년 3월 이후 처음이다.

환율상승은 기본적으로 물가를 부추긴다. 한국은 원유 등 에너지와 원자재를 대부분 수입에 의존하는데, 환율이 오르면 해당 품목에 대한 원화 기준 가격이 상승하게 되기 때문이다. 이처럼 물가상승 압력이 가중되면 한국은행은 경기부양을 위한 기준금리 인하가 어렵게 되고, 오히려 추가 인상해야 할 형편에 처할 수도 있다.

환율상승이 수출에도 별반 도움이 되지 않고 있다. 과거에는 환율 상승이 수출에 호재였다. 글로벌 시장에서 거래는 달러화로 이뤄지는 경우가 많아 제품의 원화 가격이 하락하지 않더라도 환율이 오르면 달러화 기준으로 가격이 내려가는 효과가 나타나기 때문이다. 다시 말해 환율상승으로 한국산 제품의 가격경쟁력이 강화되는 셈이다. 또 환율이 오르면 수출 물량이 늘어나지 않더라도 원화 기준 수출기업의 실적이 개선된다.

그러나 최근에는 이런 효과가 거의 없어져 버렸다. 이는 글로벌 밸류체인 강화로 수출을 하기 위해 수입하는 중간재가 크게 늘었기 때문이다. 수출과 수입이 동시에 늘어남에 따라 환율상승이 미치는 영향이 줄어든 셈이다. 우리나라가 수출하는 제품의 질이 전반적으로 향상되면서 가격보다는 품질, 브랜드, 디자인 등 비가격경쟁력이 수출 실적에 더 큰 영향을 주게 된 것도 무관치 않다. 해외에서 생산되는 제품의 비중이 늘어난 것도 한몫했다.

한편, 탄핵정국은 내수 부진을 부추기는 커다란 요인으로 작용하고 있다. 특히 소상공인과 자영업자의 경우 벼랑 끝까지 몰린 형국이다. 이들은 그렇지 않아도 내수침체가 장기화하고 소비심리가 얼어붙은 상태에서 어려움을 겪고 있었다. 여기에 비상계엄 사태로 빚어진 불안한 시국으로 인해 소비심리가 얼어붙으면서 연말연시 특수가 사라진 것이 그 사유다. 이처럼 경기침체와 소비심리 위축, 물가 인상 등 3중고에 인건비 부담마저 더해지면서 줄폐업 우려까지 나오고 있다. 1년 동안 폐업한 자영업자 수가 100만 명에 달한다. 또 신규 창업 대비 폐업 비율이 79.4%에 달한다. 가게 10곳이 문을 여는 동안 8곳이 문을 닫았다는 의미다.

일자리 창출과 다른 산업에 미치는 효과가 큰 주요 내수 업종인 건설업 경기도 악화일로를 걷고 있다. 한국은행은 2024년 경제성장률이 예상보다 둔화된 가장 큰 사유로 건설투자 위축을 꼽았다. 건설업은 전년 대비 2.6% 감소해, 성장이 마이너스로 돌아섰다. 이는 대표적인 내수 업종인 도소매·숙박음식업의 -1.4%보다 2배 가까이 감소 폭이 크고, 지난 2011년 이후 13년 만에 가장 낮은 성장 수준을 나타낸 것이다.

이와 함께 수출 중소중견기업의 입지도 크게 흔들어 놓았다. 중소기업중앙회가 수출 중소기업 513곳을 대상으로 조사한 결과, 26.3%가 국내 정치적 불확실성으로 직간접적인 피해를 본 것으로 집계됐다. 주요 피해 사례는 '계약 지연·감소 및 취소'(47.4%), '해외 바이어 문의 전화 증가'(23.7%), '수발주 지연·감소 및 취소'(23%) 등이었다.

우선 불안정한 정국 때문에 한국 기업들이 그동안 자랑해 왔던 안정적인 생산과 납기 준수 같은 신뢰가 의심받게 되었다. 업계 관계자는 수출 계약을 진행하던 외국 업체가 한국의 제조 안정성에 의문을 제기하며 "정국이 안정될 때까지 협상을 잠정 보류하자"라고 통보해 왔다고 말했다. 납기를 제때 맞출 수 있을지 걱정된다는 이유였다.

또 "제품을 안정적으로 공급할 수 있겠느냐? 이 기회에 공장을 해외로 이전하라. 만약 공장을 이전하지 않으면 주문을 줄이겠다."라는 압박을 하는 외국 업체도 있었다고 했다. 이외에도 장기간 접촉해 온 외국 바이어(buyer)가 계약 직전 공장 실사를 위해 방한하려던 일정을 취소시켜 최종 결정을 하지 못한 경우도 일어나고 있다. 최근의 한국 상황이 불안하다며 방문을 취소한 것이다.

## 금융시장의 불안정성 확산

비상계엄으로 촉발된 탄핵정국은 금융시장의 불안도 부추겼다. 우선 환율이 급등하자 제2의 외환위기를 우려하는 분위기마저 나타났다. 실제로 대표적인 국가신용도 위험 수준을 보여주는 신용부도스와프(CDS, Credit Default Swap) 프리미엄 오름세가 심상치 않았다. CDS 프리미엄은 채권을 발행한 국가나 기업이 부도를 내게 되면 원금을 돌려받기 위한 보험료 성격의 수수료인데, 이게 높다는 것은 그만큼 해당 국가의 부도 위험이 크다는 것을 의미한다.

우리나라 CDS 프리미엄(5년물)은 12·3 계엄사태 직전 33.95bp(1bp

=0.01%p)에서 곧바로 36.94bp로 급등한 이후 계속 오름세를 보였다. 특히, 2025년 1월 10일에는 40.39bp로까지 치솟았다. 다행히 2월 중순부터는 환율 급등 추세가 다소 진정되면서 CDS 프리미엄도 계엄 선포 이전의 수준으로 하락하여 안정적인 모습을 나타내고 있다.

정치 불확실성의 여파는 그렇지 않아도 경기 부진으로 침체해 있던 국내 증권시장을 한층 더 악화시켜 놓았다. 외국인 투자자들이 대거 이탈하는 등 국내 증시는 가히 빙하기를 맞고 있다. 주가가 큰 폭으로 하락함에 따라 2024년 한 해에만 250조 원 넘는 시가 총액이 증발하였다. 물가도 식료품 가격이 큰 폭으로 상승하는 등 서민들의 체감물가는 고공행진을 이어가고 있다. 더욱이 앞으로는 고관세로 인한 수입품 가격 상승으로 물가안정 기조 유지에 어려움이 한층 더 가중될 것으로 보인다.

금리정책도 불투명해지게 되었다. 미국 연방준비은행인 Fed(Federal Reserve Board)는 2024년 들어 물가가 어느 정도 안정을 찾게 되자 9월부터 피봇(pivot), 즉 금리 인하 기조로 돌아섰다. 또 EU와 중국 등 다른 나라들도 경기부양을 위해 금리를 인하하고 있다. 그러나 트럼프 2기의 대규모 감세정책과 고율의 관세 부과 조치가 물가를 자극하고 여기에 달러 강세 현상까지 더해지면서 금리 인하 기조에 제동이 걸리게 되었다.

이에 Fed의 추가 금리 인하 가능성은 점차 줄어들고 있다. 당초 Fed는 2025년 중 2회에 걸쳐 기준금리를 0.5%p를 인하하여 연말에

제1장 정치와 경제의 역학관계

는 4.25~4.50%에서 3.75~4.00%가 될 것으로 예상했다. 그러나 예상 외로 미국 경제가 견조하고 물가상승률이 목표치를 웃도는 가운데 고용까지 강한 모습을 이어가면서 Fed는 추가 금리 인하 필요성을 찾기 어렵다고 판단하게 되었다.

제롬 파월(Jerome Powell) 연준 의장도 "현 연준의 통화정책 기조는 기존보다 현저히 덜 제한적이고 경제는 강한 상황이기에 통화정책 기조 변화를 서두를 필요가 없다"라고 말했다. 아울러 "관세·이민·재정 정책, 규제와 관련해 어떤 일이 일어날지 아직 알 수 없다"라며 트럼프 2기 행정부의 정책 불확실성도 언급하였다.

이에 따라 우리나라의 금리 인하 여건은 더욱 어렵게 되었다. 이는 한국은행이 기준금리를 조절할 때 최우선으로 고려하는 요소가 다름 아닌 미국의 금리 수준이기 때문이다. 침체국면에 처한 경기를 부양하기 위해서는 과감한 금리 인하 조치가 필요하나, 한국은행은 신중한 입장을 견지하고 있다. 이는 미국의 금리가 우리보다 더 높은 금리 역전 현상이 지속되는 상황에서 큰 폭의 금리 인하가 자칫하면 급격한 자본 해외 유출과 환율상승 등의 금융시장 불안사태를 유발할 수 있기 때문이다.

2025년 2월의 한국은행 기준금리 결정 방정식은 한층 더 어려운 국면에 처해 있었다. 당초 최근의 경기 부진을 이유로 금리 인하에 무게를 두었다. 그러나 환율이 여전히 달러당 1,450원 선을 넘나들고 있는 게 발목을 잡았다. 여기에 Fed의 금리 추가 인하 가능성이 줄어들면서 미국과의 금리 차가 더 벌어질 우려도 생기게 되었다. 이런 여건에서 금리 인하는 자본유출을 더 확대할 수가 있다. 또 금리 인하로 유동성 공급을 늘릴 경우 환율상승 현상을 가속시켜 물가가 더 오르는 악순환이 반복될 수도 있다. 이에 한국은행의 고민이 깊어지게 된 것이다.

이런 상황 속에서 한국은행은 고심 끝에 결국 금리 인하를 단행했다. 이유는 경기전망이 예상보다 훨씬 좋지 않았기 때문이다. 한국은행은 금리 인하 당일 2025년 경제성장률 전망치를 기존 1.9%에서 1.5%로 0.4%p나 크게 낮추었다. 여기에 환율이 1,450원 아래로 떨어지면서 다소 안정세를 보인 것도 금리 인하를 결정하는 데 도움이 되었다.

**한미 기준금리 추이(%)**

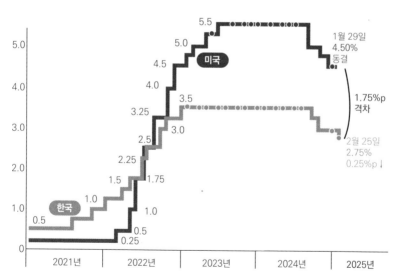

자료 : 한국은행, Fed

　　　　　　　　**제1장** 정치와 경제의 역학관계

## 대외 신인도의 추락

나아가 국가신용등급이 하락할 우려도 없지 않다. 물론 글로벌 신용평가사들은 아직은 비상계엄 사태에 따른 정치적 불확실성이 한국의 국가신용등급에 끼치는 영향은 미미하다고 밝혔다. 현재 우리나라 신용등급은 Moody's는 Aa2, S&P는 AA, Fitch는 AA-로, 비교적 높은 수준의 등급을 유지하고 있다.

그러나 정치적 불확실성이 오랫동안 지속한다면 문제는 달라질 수 있다는 지적이 제기되고 있다. 이는 장기간의 정치 불안은 성장세 둔화와 정부 부채비율 상승 등 구조적인 문제를 초래하기 때문이다. 이 경우 해외 조달금리 상승은 물론 국가신인도 하락문제까지 일어나게 될 것이다. 이는 한국산 제품 전체에 대한 평판이 나빠진다는 의미이며, 결국 국가경쟁력이 훼손된다는 것이다.

그런데 국가신용등급은 한번 훼손되면 다시 회복하는데 많은 시간이 걸린다. 우리나라는 1997년 외환위기가 터지자 국가신용등급(S&P 기준)이 순차적으로 AA-에서 B+로 10단계나 급락했다. 이후 4년 만인 2001년 국제통화기금(IMF) 관리체제를 졸업하였지만, 14년 더 지난 2015년이 되어서야 신용등급이 외환위기 이전 수준으로 회복되었다. 세계 최대 경제 대국인 미국도 2011년 AAA에서 AA+로 1단계 떨어진 신용등급을 14년이 지난 현재까지도 회복하지 못하고 있다.

이처럼 정치경제 상황이 악화되자 해외 투자은행(IB, Investment

Bank)과 한국개발연구원(KDI), 한국은행 등 주요 경제 전망기관들은 2025년 우리나라 경제성장률 전망치를 하향 조정하고 있다. 특히 한국은행은 대통령의 비상계엄 조치와 이어진 탄핵소추에 따른 정국 불안이 2024년 및 2025년의 연간 실질 국내총생산(GDP) 성장률을 0.2%p씩 깎아 먹는다고 밝혔다. 실제로 2024년 4분기 GDP 성장률이 전기 대비 0.1%로 집계되어 당초 전망치 0.5%에서 무려 0.4%p나 대폭 하락하였다. 오랜 내수침체 와중에 설상가상으로 12·3 비상계엄 여파가 겹치면서 건설·소비 등 내수가 직격탄을 맞았기 때문이다.

비상계엄조치로 시작된 정치적 불확실성이 얼마나 한국 경제와 민생에 어려움을 초래하는지를 실감하는 대목이라 하겠다. 더욱이 비상계엄조치는 경제적 손실뿐만 아니라 안보상의 위험 증대, 국가 위상의 추락 문제까지도 초래하였다. 특히 새로 들어선 미국 트럼프 행정부와는 대화 채널도 제대로 가동되지 못하면서 우리나라는 가히 총체적 위기국면에 처해 있다.

제1장 정치와 경제의 역학관계

# 06
# 정치가 경제를
# 살려야 한다

## 한국의 정치가 경제를 발전시킨 사례

우리나라 경제 발전사에서도 얼마 전까지는 정치가 경제를 발전시키는 선순환 구조를 보여왔다. 대한민국은 지난 60여 년 만에 원조를 받는 국가에서 원조를 주는 나라로 탈바꿈하며 '한강의 기적'을 이룩했다. 나아가 IT 강국으로의 도약을 이루며 세계 경제의 중심에 가까워졌다. 이는 보수와 진보라는 이념을 떠나 통치자의 강력한 지도력 아래 전 국민이 우리도 한번 잘살아 보겠다는 생각으로 똘똘 뭉쳐 노력한 결과였다.

경제개발 연대 초기에는 보수적 성향의 군인 출신 지도자들이 경제 대통령으로서의 강한 지도력을 발휘하였다. 박정희 대통령은 평균 10%에 달하는 높은 경제성장률 실현과 산업입국의 기반을 다져 놓았다. 집권 당시 우리나라는 자원과 자본은 물론이고 기술과 시설도 없어 희망이 없는 상황이었다. 그러나 그는 5개년 경제개발 계획을 진행해 나가면서 19년 동안 연평균 10%의 경제성장을 실현하였다. 그리고 통치 말년에는 농업국에서 공업국으로 탈바꿈시키면서 중진국으로 발돋움했다. 또 경부고속도로를 건설하여 물류 인프라를 구축하고, 포항제철을 건설하여 공업화의 기반을 다져 놓았다.

전두환 대통령 치하에서는 강력한 물가안정 기반을 구축하였으며, 중화학공업도 성공적으로 육성함으로써 산업구조를 한 단계 더 높여 놓았다. 물가안정을 기반으로 가격경쟁력을 지니게 됨에 따라 수출이 늘어나게 되었다. 그 결과 국제수지가 오랫동안의 적자에서 벗어나 흑자기조로 전환되는 발판이 마련된 것이다. 하계올림픽도 유치하여 국제 사회에서의 대한민국 위상과 브랜드를 높여 놓았다. 물론 이들 두 지도자는 적지 않은 인권 침해의 폐해를 남긴 독재자로 치부되고 있지만, 경제 치적만큼은 높이 평가되고 있다.

소위 말하는 진보진영의 대통령도 경제 발전을 위한 리더십을 보였다. 김대중 대통령은 우리나라 경제사에서 가장 큰 위기였던 IMF 외환위기를 단기간에 극복해 냄으로써 세계를 놀라게 하였다. 그는 빅딜(Big deal) 등 기업 구조조정, 정리해고제 도입 등 개혁조치를 과감히 단행하였다. 아울러 정보화 시대를 앞서 열어나가겠다는 강력한 의지 아래 IT 산업을 육성해 나갔다. 그 결과 우리 경제는 위기 발생 후 2년 만에 '고성장 – 저물가 – 경상수지 흑자'라는 세 마리 토끼를 동시에 잡는 쾌거를 달성하게 되었다.

노무현 대통령은 평소 경제는 먹고사는 문제로 좌와 우가 있을 수 없다는 철학을 지니고 있었다. 그래서 그는 당시 진보진영이 강력히 반대하던 한미FTA를 밀어붙여 성사시켰다. 또 지지 기반인 노조의 항거에도 당당하게 맞섰다. 2003년 5월, 화물연대가 '물류를 멈춰 세상을 바꾸자'라는 구호를 내걸며 파업을 단행하자, 노 대통령은 군 대체인력 투입까지 검토할 것을 지시하며 법과 원칙을 앞세워 강경하게 대응함으로써 화물연대의 백기를 끌어냈다는 평가를 받았다.

## 이념 갈등을 조장하는 정치권의 행태

그런데 최근에는 우리 정치권이 당리당략에 치우쳐 남의 흠집을 찾고 분열을 조장하는 행태를 보이면서 국가 발전의 발목을 잡고 있다는 평가를 받고 있다. 정치가들은 기존의 지역 간, 소득계층 간, 연령층 및 남녀 간의 갈등을 넘어 이제는 보수와 진보라는 이념 갈등까지 조장하고 있다. 최근 우리 사회에는 이념 갈등이 가장 고질적이면서도 심각한 문제로 떠오르고 있다. 정부가 실시한 연구용역 보고서에 따르면 환경, 이념, 노동, 지역, 계층, 교육 등 다양한 유형의 갈등 중에서 이념 갈등으로 인한 비용이 전체의 75%로 압도적으로 높았다.

나아가 이념 갈등은 국가 정체성과 체제마저 흔들 정도로 위협적이다. 문제는 정치권이 보수와 진보의 균형점을 찾기 위해 소통하고 설득하는 노력보다는 오히려 당리당략에 맞춰 이간질을 조장하고 있다는 점이다. 그러나 정치가들은 보수와 진보라는 정치적 이념분쟁이 경제에는 아무런 득이 되지 않고 오히려 치명적인 손실을 초래한다는 것을 명심해야 한다. 더욱이 극심한 국론분열은 국가의 정체성을 흔들고 체제 붕괴까지 조장할 수가 있다. 이에 대한 반면교사는 덩샤오핑의 흑묘백묘론에서 엿볼 수가 있다.

중국은 1978년 12월 제11기 3중전회(三中全會)에서 개혁개방정책을 공식 채택하였다. 이후 '죽의 장막'이라 불리며 폐쇄적인 모습을 보이던 중국은 대외 개방과 외국 자본 유치를 적극적으로 추진하였다. 그 결과 무역량 증가 및 해외투자 유입 증대 등 수출 중심의 공업화가 이루어졌다. 또 통신, 교통, 금융 등 다양한 분야에서 인프라도 확충되었다. 이에 중국은 1980년대부터 30여 년간 연평균 9.6%의 고속성장을 달성하며 일본을 제치고 세계 2위의 경제 대국으로 부상하였다. 또 세계의 공장으로 자리매김하게 되었다.

그 중심에는 덩샤오핑(鄧小平)의 흑묘백묘론이 있다. '흑묘백묘론(黑猫白猫論)'은 검은 고양이든 흰 고양이든 쥐만 잘 잡으면 된다는 뜻으로, 공산주의 이념이든 자본주의 이념이든 상관없이 인민들이 잘 살 수 있는 길을 추구해야 한다는 사상이다. 여기에는 이념보다 실용 중시, 실용적 개혁, 결과 중시라는 핵심적 내용이 녹아 있다. 즉 덩샤오

핑은 이념적 논쟁을 피하고 실용주의적 접근을 통해 경제 발전을 도모
코자 한 것이다. 이후 이 사상은 이념적 경직성을 탈피하고 실용주의
적 접근을 통해 경제성과를 나타내는 정치철학이 되었다. 실제로 중국
은 이를 통해 비약적인 경제성장을 기하면서 미국에 이어 제2의 경제
대국으로 발전하였다.

## 정치가 한국 경제를 살려야 한다

지금 한국 경제는 IMF 외환위기 당시보다도 더 혹독한 어려움을 겪
고 있다. 그래도 당시는 지도자가 구심점이 되어 국민들에게 같이 힘
을 합쳐 어려움을 이겨내자고 단합을 호소하는 한편, 다양한 구조개혁
정책도 추진해 나갔다. 그러나 지금은 정치적 공백과 혼란 상황이 이
어지면서 경제 문제를 위시하여 국가 전체가 위기국면에 처해 있다.

과연 누가 우리 경제사회를 어렵게 만들어 놓았는가? 물론 우리 모
두의 공동책임이라 할 수 있다. 그동안 우리 경제사회가 조금 먹고 살
만해졌다고 모두 나태해지게 되었다. 그리고 경제하려는 의지도 급격
히 이완되었다. 반면 남이야 어찌 되었든 간에 자신만은 잘 살겠다는
이기심이 팽배해지면서 다양한 형태의 갈등이 사회 전반에 확산되어
나갔다.

더욱이 대외여건마저도 미국의 트럼프 행정부 2기가 개시됨에 따라
불확실성이 커진 상태다. 이에 국제 사회에는 자국 이기주의가 극심해
지고 있으며, 치열한 경쟁의 틈바구니에서 살아남으려고 필사적인 몸

부림을 치고 있다. 그런데 우리 경제사회가 직면한 다양한 어려움을 헤쳐 나가는데 누구보다도 앞장서야 할 정치권은 이를 해소 혹은 완화하기보다는 오히려 증폭시키고 있다. 이러다가는 자칫 우리만 국제경제사회에서 낙오자가 될까 걱정이다.

그러나 우리는 여기서 멈출 수가 없다. 우리는 위기를 기회로 승화시키는 위기 극복의 DNA가 있는 민족이다. 지금의 이 위기도 슬기롭게 극복해 내어야만 한다. 따라서 우리는 한시바삐 비장한 각오로 우리 경제사회를 조기 회생시키기 위한 범국가적 개혁작업에 적극적으로 동참해야 한다. 특히 책임이 큰 정치권이 가장 앞장서야만 한다. 그러기 위해서는 한시바삐 위기상황에 처해 있는 정치를 정상화시켜야 한다. 나아가 정치와 경제를 선순환시켜 한국 경제사회를 선진국 반석에 올려놓을 수 있는 통찰력과 추진력을 고루 갖춘 합리적인 정치지도자가 탄생하기를 기원한다.

# 제2장

## 대내외 정치경제 여건의 악화

그동안 우리 경제사회가 조금 먹고 살만해졌다고 해서 우리는 모두 나태해지게 되었다. 그리고 경제하려는 의지도 급격히 이완되었다. 사회 또한 계층 간, 세대 간을 넘어 이념적으로도 진보와 보수로 나뉘어 갈등하고 반목하면서 혼돈에 빠져 있다. 대외여건도 트럼프 행정부 2기가 개시됨에 따라 불확실성이 커진 상태다. 이에 국제사회에는 자국 이기주의가 극심해지고 있으며, 치열한 경쟁에서 살아남으려고 필사적인 몸부림을 치고 있다.

# 01
# 경제하려는 의지의 약화

〈프로테스탄트 윤리와 자본주의 정신〉의 저자 막스 베버는 자본주의가 발전하기 위한 근원적인 동력은 근면과 성실, 시간을 헛되이 보내지 않는 청교도적 사상에 있다고 강조하였다. 그는 또 자본가든 노동자든 일할 수 있는 신의 축복에 감사하고, 탐욕을 버리고 근면과 성실함을 더해 자본주의의 가치를 높여나가야 한다고 말했다.

그런데 지금의 현실은 막스 베버가 꿈꾸던 자본주의 정신이 점차 퇴조하고 있는 것 같다. 우리 주변에 돈이면 무엇이든 불사한다는 이기심과 탐욕이 가득하고, 근면과 성실 대신 요행과 재산의 대물림, 그리고 정부 지원에 기대어 살려는 나태함이 거세게 밀어닥치고 있다. 이러다가 자본주의가 위기에 봉착하고 끝내는 몰락하지 않을까 하는 두려움이 엄습한다. 이런 현상은 국제 사회 전반에 통용되겠지만 우리의 경우는 더욱 심각하다. 우리가 선진국 문턱에 진입하면서 초심을 잃고 나태해진 것은 아닌가 하는 의구심이 없지 않다.

## 기업인들의 경제 의지 약화

아직도 우리 사회에는 반(反)기업 정서가 광범위하게 깔려있다. 한 마디로 기업들의 사기가 크게 떨어져 있다. 이는 기업의 잘못된 경영 관행도 있지만, 정치 사회적 요인도 매우 심각하다. 가령 노조가 정치 세력화되어 기업경영에 지나치게 간여하거나, 노조가 생산성을 초과하는 과다한 임금인상을 요구하는 경우, 또는 툭하면 파업을 일삼아 경영활동이 중단되는 경우 등은 이의 사례가 될 것이다. 이 경우 기업이 지급해야 하는 비용이 경쟁국에 비해 높아지게 되고 결국 기업은 사업장을 해외로 이전하게 된다.

다른 나라에 비해 상대적으로 높은 상속세 제도도 기업하려는 의지를 훼손시키는 요인이 되고 있다. 한국경영자총협회 조사에 따르면 우리나라 기업인 약 76%는 기업 영속성 확보를 위해 현재 상속세 최고 세율(60%, 최대주주 주식 할증 포함)을 낮추거나 폐지하고 자본 이득세로 전환해야 한다고 응답했다. 실제로 손톱깎이로 유명한 쓰리세븐 등 저명한 강소기업들이 과도한 기업 상속세로 인해 승계를 포기하고 회사를 매각하였다.

과도한 규제도 기업의 사기를 저해하기는 마찬가지이다. 시장경제를 주도해나가는 핵심 경제주체는 기업이며, 이 기업의 가치를 높이는 가장 주요한 경제활동이 투자행위이다. 그런데 현실 경제사회에는 투자를 저해하는 다양한 요소들이 널려 있어 경제가 제대로 굴러가지 않는 경우가 허다하다. 그 대표적인 투자 저해 요소가 바로 규제이다. 따라서 시장 메커니즘이 제대로 작동될 수 있도록 규제 개선 노력을 지속적으로 추진해 나가야 한다.

2022년부터 시행되고 있는 '중대재해처벌법'도 사업주에게 과도한 책임을 묻는다는 비판이 없지 않다. 즉 사업주의 과실의 유무, 정도와는 무관하게 중대 산업재해라는 결과가 발생하기만 하면 자동으로 사업주를 처벌하는 법이 되고 만다. 물론 산업현장의 재해를 방지해야 하는 것은 당연하다. 그러나 책임과 권한의 합리적 배분의 문제도 중요하다. 금융기관에서 운영하는 '책무체계도'는 참조가 될 수 있다. 이는 임원의 직책별 책무를 도식화한 문서로, 책무의 배분이 특정 임원에게 편중되지 않도록 작성한다.

이와 함께 기업가도 스스로 경제 의지가 약화된 면이 있다. 우리나라에는 '기업은 망해도 기업가는 망하지 않는다'는 좋지 않은 관행이 만연되어 있다. 이는 기업가가 기업 활동에 전념하기보다는 자신의 사리사욕을 채우는 데 더 열을 올렸다는 것을 방증한다. 회사의 자산을 자신의 몫으로 별도로 챙겨두기도 한다. 잘못한 기업주나 경영주가 회사는 망하게 되었는데도 자기가 챙길 것 다 챙기는 것은 분명 심각한 도덕적 해이(moral hazard)를 넘어서는 범죄행위라고 할 수 있다. 그런데 현실에는 이러한 관행이 버젓이 존재한다.

이처럼 기업의 경제하려는 의지가 쇠락함에 따라 경제 활력이 떨어지고 성장잠재력은 저하되어 국가경쟁력이 하락하는 부작용이 나타나고 있다. 당연히 그동안 재벌기업과 기업인들이 취해왔던 부정적 관행과 행태는 시정해 나가야 한다. 이는 우리에게 주어진 시대적 소명이며 우리 경제사회의 지속적인 발전을 담보하기 위한 필수적인 과제라 할 수 있다. 그러나 정도가 지나치게 과도하거나 혹은 재벌 때리기를 통한 카타르시스(catharsis)적인 포퓰리즘에 함몰되어 세계 시장을 누비고 있는 대표기업들의 발목을 잡는 일이 발생해서는 아니 될 것이다.

이 경우 당초 의도한 바와 달리 기업의 창의성과 자율성을 훼손시켜 경제를 후퇴시킬 우려가 있다. 더욱이 지금 가장 시급하고 중요한 과제인 일자리 창출이란 정책 목표의 실현을 한층 더 어렵게 할 것이다. 그 이유는 다름 아니라 이들 기업이란 존재는 바로 근로자들에게 일자리를 제공하는 주체이며 우리 경제의 버팀목이라 할 수 있기 때문이다.

## 젊은이들의 열정도 식어가고 있다.

6·25전쟁 당시 대한민국은 세계에서 가장 가난하고 희망조차 없었던 나라였다. 그러나 그 후 꼭 반세기만에 세계 어느 무대에서도 당당한 국가로 발전하였다. 그 기간 우리는 잿더미 속에서 맨주먹으로 '헝그리 정신(hungry spirit)'과 '하면 된다(can do spirit)'는 일념 아래 앞만

보고 달려왔다. 그 결과 우리는 중진권을 넘어 선진경제권으로 발돋움하였다. 흔히 이를 압축성장으로 표현한다. 이는 세계 경제사에 유례없이 짧은 기간 내에 이룩한 성과이기에 그러하다. 이의 원동력이 바로 다름 아닌 '우리도 한번 잘살아 보자'라며 죽을힘을 다하는 다이너미즘(dynamism), 곧 역동성인 것이다.

1997년 IMF 외환위기 시절, 국제 사회로부터 차입한 빚을 갚기 위해 국민들이 자발적으로 '금 모으기 운동'을 전개하는 등 눈물겨운 노력 끝에, IMF가 원래 계획했던 시점보다 훨씬 이전에 빚을 갚고 위기를 극복할 수 있었다. 2008년부터 벌어진 글로벌 금융위기 또한 그동안 우리가 쌓아두었던 위기 극복 노하우(know-how)와 민족의 저력인 역동성이 맞물려 세계에서 가장 먼저 위기에서 벗어날 수 있었다. 그 누가 뭐라고 해도 역동성과 열정은 우리 민족의 타고난, 그리고 여태껏 우리를 지켜온 DNA라 할 수 있다. 그러기에 우리는 이를 거부하지 못할 것이며, 더욱 발전적으로 승화시켜 나갈 수 있도록 해야 한다.

그런데 최근 이런 역동성과 열정이 식어가고 있다. 적지 않은 젊은 이들은 크고 높은 이상이나 비전보다는 현실에 안주하려는 성향을 보인다. 경제적·정신적으로 자립심이 부족하여 부모에게 의존하려는 '캥거루족'이 늘어나고 있다. 그리고 경제적 자립(Financial Independence)을 통해 조기 은퇴(Retire Early)하겠다는 '파이어족(FIRE)'도 늘어나고 있다. 또 젊은이들의 장래 희망직종으로 연예인, 유튜버, 공무원, 의사 등이 우선으로 꼽히고 있다고 한다. 물론 이 직업군을 폄훼하는 것은 아니다. 그러나 이들이 대한민국 먹거리를 해결해 줄 미래지향적이고 혁신적인 업종이라고 하기는 어렵다. 이런 분위기 속에서는 우리 경제 사회의 지속적인 발전을 기대하기 어렵다.

우리나라 젊은이들 사이에서는 언제부터인가 이 세상에서 가장 행복한 사람은 태어날 때 금수저를 물고 나온 사람들이라고 생각하는 풍조가 생겼다. 그러나 자녀들이 세상 물정을 모르고 자라게 하거나 너무 많은 재산을 물려주는 것이 결코 바람직한 것만은 아니라는 것을 우리 주변에서 심심찮게 보고 있다.

그것은 그들이 삶의 여정이라는 건축물을 차곡차곡 쌓아가는데 걸림돌이 될 수 있기 때문이다. 물려받은 재산이 없었더라면 최선의 노력을 다해 스스로 삶의 길을 개척해 나갈 터인데, 물려받은 재산이 있기에 그 재산을 가지고 편안히 살 궁리만 하기 쉽다. 이런 경우 인생의 참맛을 모르게 된다. 무언가 이루어나간다는 성취감을 느끼지 못한다는 것이다.

세계적으로 손꼽히는 부자이면서 투자의 귀재인 워런 버핏은 말했다. "당신이 좋아하는 일을 하라. 돈이 아니라 당신이 좋아하고, 사랑할 수 있는 일을 하라. 그러면 돈은 저절로 들어온다. 행복이라면 분명히 정의할 수 있다. 내가 바로 그 표본이기 때문이다. 나는 일 년 내내 좋아하는 일만 한다. 좋아하는 일을 좋아하는 사람들과 함께할 뿐, 내 속을 뒤집어 놓는 사람들과는 관계할 필요조차 없다."

# 02
# 사회갈등의 심화와 의료대란

## 한국 사회 갈등의 확산 과정

사회적 갈등은 어느 나라나 있게 마련이다. 그러나 우리나라는 유별나게 사회경제적 갈등이 심각한 것으로 나타난다. 여기에는 여러 가지 원인이 있겠지만 근본적으로는 굴곡이 심한 한국 현대사 과정이 큰 영향을 미친 것으로 보인다. 지나간 60년 정도만 살펴보더라도 6·25전쟁, 압축된 경제성장, 민주화 투쟁, IT의 급격한 물결 등 사회의 기본적 구도가 심하게 요동쳤다.

우리나라에서 갈등 문제가 사회적 문제로 표면화된 것은 그리 오래된 일이 아니다. 개발연대 시절에는 경제 발전이 가장 우선되는 가치였다. 그래서 인간의 존엄성이라든가 자유, 평등 같은 민주주의 이념은 상대적으로 경시되어 왔다. 그 결과 자유에 대한 욕구가 억압 당했고 사회적 평등에 대한 기대도 무시되었다. 한마디로 군사정권의 권위주의적 문화 아래에서 갈등이 표출되지 못한 채 내재화되어 누적되어 온 것이다.

그러다 1987년 '6월 민주항쟁'의 결과로 나온 '6·29 선언'에 의해 자유의 분출구가 형성되면서 이후 기존 사회체제에 대한 불만이 한꺼번에 표출되기 시작하였다. 그동안 억눌려 왔던 각계각층의 사회적 욕구가 봇물처럼 터져 나오게 된 것이다. 당시 가장 두드러지게 표출된 갈등 형태는 노사갈등이었다. 우리나라의 노동시장은 대기업과 중소기업, 남녀 간, 그리고 정규직과 비정규직 사이에 임금을 비롯한 여러 가지 근로조건 상의 격차가 매우 큰 편이다. 이러한 노동시장의 이중구조로 인해 노사갈등이 줄어들기는커녕 갈수록 심화되고 있다. 이에 따라 노동시장의 진입과 퇴출이 경직화되어 결국 일자리 창출이 저해되고 있으며, 저출산 문제를 심화시키는 요인으로도 작용하고 있다. 더욱이 이제는 노사갈등에 더해 노노갈등 현상마저 나타나고 있다.

이때까지만 해도 갈등은 거의 노사갈등에 한정되어 나타났다. 그러나 시간이 지나면서 갈등의 양태가 점차 다양화되고 범위도 사회 각 계층으로 확산되었으며 강도 또한 심화되어 갔다. 우선, 지역 간 갈등과 님비(NIMBY, not in my backyard)현상이다. 이의 사례는 부안 방폐장

사태, 동남권 신공항 유치 문제, 사드 배치 문제에 이르기까지 다양하다. 그런데 정치권은 이러한 현상을 해소하려는 노력보다 이를 교묘히 조장하고 활용하려고 했다. 이로 인해 국토 발전의 불균형과 지역감정의 골이 깊어지게 되었다.

갈수록 심화하고 있는 양극화 현상 또한 사회불안을 증폭시키는 요인이 되었다. 삶의 수준이 불평등해질수록 사람들은 서로를 신뢰하지 않게 된다. 즉 소득 불균형이 경쟁 심화로 연결되고, 경쟁 심화는 주위 사람을 싸워 이겨야 하는 적으로 여기게 되며, 서로를 믿고 돕기보다는 불신하고 이기기 위해 싸우게 된다는 것이다. 또 양극화 현상은 산업 전반의 경쟁력 약화를 초래하게 된다. 이는 그렇지 않아도 불안한 우리 경제의 앞날을 한층 더 어렵게 하고 있다.

이러한 전통적인 갈등 이외에 시대 변화에 따라 새로운 형태의 갈등 현상도 나타났다. 세대 간 갈등과 남녀 갈등이 이에 해당한다. 이들 갈등의 본질은 일자리 부족의 문제에서 비롯되고 있다. 즉 저성장과 고용 없는 성장 추세가 지속함에 따라 일자리 부족 현상이 심화되면서 일자리 쟁탈전이 벌어지게 된 것이다. 아울러 소위 '갑'과 '을'의 갈등 문제 등 갈등의 종류와 형태는 날이 갈수록 더욱 복잡다기화되고 있다. 최근 1년여 이상 교착상태에 있는 의료대란도 이러한 배경 속에서 발생한 갈등의 한 형태이다.

한편, 근래에는 정치적 혼돈 속에서 '좌익과 우익'으로 갈린 이념 갈등이 우리 사회에 가장 고질적이면서도 심각한 문제로 떠오르고 있다.

　　　　　　　　　　　　　　　**제2장** 대내외 경제 여건의 악화

현대사회에서는 이념이 다양하기에 좌익, 우익을 명확하게 나누기가 어렵다. 다만 전통적으로 흔히 보수주의를 우익, 진보주의를 좌익과 동의어처럼 쓰는 경우가 많다.

우익은 경쟁과 사유재산을 본질로 하는 기존 시장경제 질서와 자본주의 체제를 수호하는 것이 최선이라 주장한다. 반면 좌익은 개혁을 통해 기존 질서를 바꾸어야만 당면한 어려움에서 벗어나고 또 미래세대의 발전도 기할 수 있다고 주장한다. 양측 주장이 다 설득력이 있기에 보수와 진보는 좀처럼 자신의 주장을 내려놓지 못하고 있다. 더욱이 이에 대한 균형점을 찾아나서야 할 정치권이 오히려 갈등을 부추기는 모습을 보이는데 더 큰 문제가 있다.

## 장기화되는 의료대란

2024년 2월, 정부는 의대 정원을 증원하기로 발표하였다. 곧바로 이에 반대하는 의사, 전공의, 의대생들의 조직적인 저항으로 시작된 의료대란은 1년이 넘었다. 당시 정부는 2025년부터 5년 동안 해마다 2천 명씩 의대생을 더 뽑겠는 골자의 의료개혁안을 발표하였다. 이러한 정부의 의료정원 증원의 배경으로는 국민 1,000명당 의사 수가 2.6명으로 OECD 국가 평균인 3.7명에 크게 못 미치며, 급속한 고령화로 인해 의사에 대한 수요가 빠르게 증가하고 있다는 것이었다.

의료계는 강경하게 반대했다. 의료계 입장에서는 2,000명의 정원 증원은 너무 갑작스러운 것일 뿐만 아니라 그 증원 규모도 예상 밖으로 큰 것이었다. 의사 수의 증원은 결국 한정된 의료 수요를 의사들이 나누어 가지는 것이기 때문에 의료계가 환영할 수 없는 내용이었다. 이 대규모 증원으로 인한 실질적인 영향은 약 10년 후에 본격화될 것이다. 그래서 직접 영향을 받게 되는 전공의들과 의대생들로서는 한층 더 현실적인 문제이기도 했다. 한국의 의료계는 오랫동안 정부에 대해 많은 불만을 가져왔다. 의사들 사이에서는 우리나라 의료수가가 너무 낮으며, 비합리적인 심사 등 규제가 많다는 정서가 광범위하게 퍼져 있다.

이후 정부 정책에 반발한 전공의의 사직이 이어졌다. 이에 2024년 말 기준으로 전국 211개 수련병원 전공의 1만 3,531명 중 1,174명만이 출근 중이다. 전공의 사직으로 빅4 병원의 상반기 적자는 2,135억 원을 기록했다. 의정갈등을 해결하고자 '여야의정협의체'가 어렵사리 구성되었지만, 의료계 이탈로 이내 무산되었다. 탄핵정국으로 개혁 동력은 상실되었고, 산부인과와 소아청소년과 전공의 지원 비율은 바닥 수준이다. 이들이 돌아오지 않으면 전공의, 전문의 배출이 차례로 중단되는 의사 공급 절벽을 맞게 된다. 인턴, 군의관, 공중보건의사의 부족도 도미노처럼 따라올 것이다. 당장 2025년도 의사 국가고시 실기 합격자는 불과 266명으로 지난해의 10분의 1도 되지 않는 실정이다.

의대 정원의 증원 시도는 이번이 처음은 아니다. 1990년대 16개나 되는 의대가 신설되면서 의대 정원이 급격히 증가했다. 2003년에는 당시 의약분업 추진과정에서 정원을 약 350명 줄였고, 2006년 이후부터 약 20년간 3,058명으로 동결된 상태였다. 이후에도 의대 정원의 증원을 위한 시도는 계속되었다. 2018년과 2020년에도 400명 규모의 의대 정원 증원과 공공 의과대학의 신설을 시도하였다. 그러나 의사들은 휴진 등으로 강력하게 저항하였고, 결국 정부는 코로나 사태가 끝나면 원점에서 증원을 재논의하는 데 합의함으로써 증원에 실패하였다.

사실 소득수준 향상에 따른 의료 수요의 증대, 고령화 추세 등을 고려할 때 의대 정원의 증원은 불가피한 측면이 있다. 다만 추진 방법이 세련되지 못해 의정갈등이 증폭된 것이다. 현재 진행되고 있는 의정갈등으로 인한 피해는 고스란히 국민, 특히 환자들에게로 돌아갔다. 전공의의 이탈로 대형 병원의 병상 가동률이 50% 이하로 떨어지는 등 의료 제공의 파행이 계속되고 있기 때문이다.

의료파업이 진행되는 동안 치료를 받지 못해 숨지거나 장애가 생긴 환자들이 속출하고 있다. 특히 응급환자에 대한 조치나 암 환자의 치료가 지연되면서 많은 비극을 양산하고 있다. 건강보험재정도 주름이 갔다. 의료대란 대응을 위해 2024년 2월부터 시작된 비상진료체계 운영에 건강보험 재정 1조 3,490억 원이 투입된 것으로 드러났다.

또한, 2025년 3월 이후 교착상태의 상당 부분이 풀린다고 해도 갈등이 낳은 후유증과 함께 지역 간, 전공 간 의료인력의 불균형으로 인한 문제 등은 계속해서 문제로 남을 것이다. 이렇게 볼 때 의정갈등 사태의 원만한 타결을 위해서는 의대 정원을 늘리되, 속도와 규모는 조정하는 것이 불가피해 보인다. 아울러 의료계에서 요구하는 의료수가 체계 개선 등 의료계가 안고 있는 근본적인 문제점도 동시에 개혁해 나가야 한다. 그리고 이 과정에서 정부와 의료계 상호 간의 원활한 소통과 타협이 중요하다.

# 03
# 저출산·고령화
# – 활력을 잃어가는 경제사회

## 세계 최하위의 출산율이 초래한 인구절벽 현상

우리나라는 낮은 출산율과 함께 고령화 현상이 급속하게 진행되고 있다. 한 세대 전까지만 해도 지속적인 인구 증가가 초래할 식량 위기, 인구 폭발, 환경 위협 등의 문제에 대비해 인구 억제 정책을 펼쳐왔다. 그러나 얼마 안 되어 심각한 저출산·고령화 문제에 직면하게 된 것이다. 이로 인해 인구절벽(Demographic Cliff) 현상이 눈앞에 다가왔으며 성장잠재력의 약화가 우려되고 있다. 특히 우리나라에서 이 문제가 심각한 이유는 그 진행 속도가 상대적으로 매우 빠르고, 두 문제가 매우 깊게 연결되어 있다는 것이다.

우리나라의 출산율은 2012년 1.30명, 2015년 1.24명, 2016년 1.17명, 2017년 1.05명으로 계속 하락하다가 2018년에는 급기야 1명 이하로 떨어져 0.98명을 기록하였다. 이어 2019년에도 0.92명을 기록한 출산율은 2023년에는 더 하락하여 0.72명 수준으로까지 떨어져 역대 최저를 기록했다. 다만, 2024년 들어서는 사정이 다소 나아져 0.75명이 되었다. 합계출산율이란 출산 가능한 여성의 나이인 15세부터 49세까지를 기준으로, 여성 한 명이 평생 낳을 수 있는 자녀의 수를 나타내는 지표이다.

경제협력개발기구(OECD) 회원국의 합계출산율 평균은 지난 2022년 기준 1.51명이며, 합계출산율이 1명 미만인 나라는 우리나라를 빼고는 한 곳도 없다. 역시나 저출산국인 일본도 1.26명이다. 참고로 현재의 인구 유지를 위해 필요한 합계출산율은 2.1명이다. 이처럼 출산 기피에서 비롯되는 출산율의 급격한 하락으로 인해 우리나라는 인구 감소와 함께 인구 구조도 바람직하지 못한 형태로 바뀌게 된다.

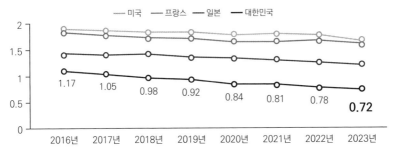

주요국가 합계 출산율 추이(명)

자료 : 통계청

**제2장** 대내외 경제 여건의 악화

2024년 통계청이 발표한 〈장래인구특별추계: 2022~2072년〉을 통해, 이를 보다 구체적으로 알아본다.

첫째, 총인구는 2024년 5,175만 명 수준으로 증가한 후 점차 감소하여 2030년 5,131만 명, 2072년에는 1977년 수준인 3,622만 명으로 감소할 것으로 보인다. 그리고 80년 후에는 인구가 현재의 절반으로 감소하고, 인구감소로 인해 지방이 소멸하게 될 뿐만 아니라 결국 지구상에서 한국인이 소멸하게 될지도 모른다는 암울한 예측까지 나오고 있다. 2006년 데이빗 콜먼(David Robert Coleman) 영국 옥스퍼드대 교수는 저출산으로 인한 '인구소멸 국가 1호'로 한국을 지목하였다. 즉 지금의 출산율이 그대로 이어진다면 2100년에는 인구가 현재의 절반도 안되는 2천만 명으로 줄어들게 되고, 2300년이 되면 소멸 단계에 들어서게 된다는 것이다.

일론 머스크 테슬라 최고경영자(CEO)도 비슷한 의견을 피력하였다. 그는 2024년 10월, 사우디아라비아에서 열린 '미래 투자 이니셔티브(FII)'에서 "단기적으로는 인공지능(AI)이 가장 심각한 위협이지만, 장기적으로는 세계 인구 붕괴이다. 특히 한국 인구는 현재 출산율을 기준으로 하면 지금의 약 3분의 1보다 훨씬 적어질 것"이라고 말했다.

둘째, 출산율 저하로 인해 0~14세 사이 유소년 인구의 급격한 감소세가 예상된다. 2022년 595만 명이던 유소년 인구는 2040년 388만 명, 2072년에는 238만 명 수준으로 2022년의 절반도 안 될 것으로 전망된다. 이에 전체 인구에서 차지하는 비중도 같은 기간 11.5%에서

6.6%로 떨어질 전망이다.

　셋째, 생산가능인구 또한 줄어들고 있다. 우리나라의 15~64세 생산가능인구는 지난 2017년 3,757만 명으로 정점을 찍은 이후 감소하고 있다. 특히 1955~1963년 사이에 태어난 베이비붐 세대가 고령인구로 진입한 2020년대에는 생산가능인구가 연평균 32만 명씩 급감하고 있다. 나아가 2030년대에는 감소 폭이 50만 명으로 더욱 불어날 전망이다. 그 결과 생산가능인구는 2022년 3,674만 명에서 2030년 3,417만 명으로 감소하고, 2072년에는 1,658만 명으로 2022년의 45.1% 수준에 불과할 것으로 전망된다. 아울러 생산가능인구가 총인구에서 차지하는 비율도 지속적으로 감소하여 2017년 73.2%에서 2022년 71.1%, 2056년에는 49.9%를 기록하며 50% 아래로 내려설 것으로 전망된다. 그리고 2072년에는 45.8%로 내려앉을 것으로 보인다.

## 본격화된 초고령사회

　한편, 전체 인구에서 65세 이상 노인인구의 비율이 7%를 넘으면 '고령화 사회'(aging society)라 하며, 14%를 넘으면 '고령사회'(aged society), 그리고 20%를 넘으면 '초고령사회' 또는 '후기 고령사회'(post-aged society)라 한다. 우리나라의 노인인구는 2000년에 7.2%를 넘어서서 고령화 사회에 진입하였다. 이후 17년 만인 지난 2017년 고령인구 비중이 14.0%로, 14%를 넘겨 고령사회에 진입하였다. 2024년 말에는 이 비율이 20%를 기록하며 초고령사회가 되었다. 이에 65세 이상 인구는 2008년 494만 명에서 2024년 1,000만 명을 넘어서는 등 16년 만에 두 배 이상으로 급증하였으며 2050년에는 1,891만 명까지 증가할 예정이다.

전 세계에서 초고령사회에 진입한 국가는 독일, 프랑스 등 유럽 선진국을 중심으로 20여 개국이다. 아시아에서는 2006년 진입한 일본이 유일하였다. 문제는 한국의 고령화 속도가 세계에서 가장 빠르다는 점이다. 일본은 1970년 고령화 사회에 들어선 지 24년 만에 고령사회가 되었고 12년이 지나서야 초고령사회로 접어들었다. 이에 비해 한국은 2000년 고령화 사회, 2017년 고령사회, 2024년 초고령사회로 이어져 세계에서 가장 빠른 속도를 보였다. 독일과 프랑스는 고령사회에서 초고령사회로 진입하는 데 각각 37년, 39년이 걸렸는데, 한국은 단 7년 만에 '노인의 나라'가 되었다. 따라서 오랜 기간에 걸쳐 인구 고령화에 대처해 온 선진국에 비해 우리가 받게 될 충격은 훨씬 더 클 수밖에 없다.

향후의 전망도 밝지 않다. 통계청 장래인구추계에 따르면 2040년 한국의 노인인구 비중은 34.4%로 일본(34.8%)과 비슷해지고 2045년엔 일본을 추월하여 세계에서 가장 늙은 국가가 될 것으로 보인다. 더욱이 85세 이상 인구도 2022년 92만 명에서 2024년 100만 명을 넘어선 뒤 2072년 517만 명으로 2022년 대비 5.6배 수준으로 증가한다. 85세 이상 인구 구성비는 2022년 1.8%에서 2072년 14.3% 수준

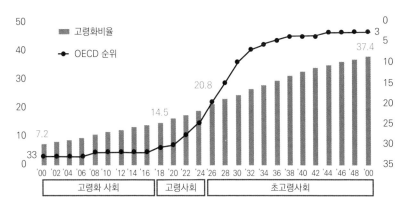

우리나라 고령화 비율 및 순위 추이(%, 순위)

자료 : 한국 경제연구원

으로 증가한다.

　이에 따라 전체 인구를 연령 순서로 나열할 때 한가운데 있게 되는 사람의 연령인 중위연령도 더욱 높아질 것으로 전망된다. 중위연령은 지난 2022년 44.9세에서 2031년 50세를 넘어서고 2072년에 63.4세까지 올라갈 것으로 보인다. 2022년 총인구의 50%가 44세 이상이었지만, 2072년에는 총인구의 50%가 63세 이상이라는 뜻이다.

## 저출산·고령화가 경제사회에 미치는 문제

　그러면 이처럼 날로 심화되는 저출산·고령화 현상이 우리 경제사회에 미치는 문제는 무엇일까?

　첫째, 생산가능인구의 감소이다. 저출산 현상이 지속되면 신규로 노동시장에 진입하는 인구가 감소하여 전체 노동력이 감소할 것이다. 이에 따라 노동력 공급부족 현상이 초래될 것이다. 이는 노동이동성을 줄여 직종 간, 산업 간, 지역 간 노동력 수급의 불균형을 초래하게 된다. 나아가 노동비용이 상승하고 노동생산성은 하락하게 된다.

둘째, 국가경쟁력의 약화이다. 노동공급의 감소, 소비와 투자 위축에 따른 자본스톡 증가율 둔화 등으로 인하여 경제성장률이 크게 둔화될 전망이다. 또 저축율이 감소하고 사회보장 확대로 공공지출이 증가함에 따라 기업 투자를 위한 자금의 공급은 상대적으로 줄어들 것이다. 또 재정수지도 악화되어 성장기반을 잠식하게 된다. 이는 노인인구 급증으로 노인진료비 등 사회보장 재정 지출이 대폭 늘어나는 데 반해, 세입기반은 잠식되기 때문이다.

셋째, 사회부담의 증가와 경제사회 활력의 저하를 초래한다. 생산연령인구 100명당 부양할 유소년과 노인인구 수를 나타내는 지표인 총부양비는 2022년 40.6명에서 2058년에 100명을 넘어서고 2072년에는 118.5명 수준으로 증가한다. 특히, 노인인구가 늘어나면서 노년부양비를 증가시키게 된다. 노년부양비란 15~64세 생산연령인구 100명이 부담해야 할 65세 이상 피부양 노인연령 인구를 뜻한다.

우리나라 노인부양비는 1975년 6.0명이었지만, 2005년 12.5명, 2015년 17.5명, 2022년에는 22.4명으로 늘어났다. 2036년에는 50명을 넘고 2067년에는 100명을 넘어선다. 2072년 104.2명으로

2022년 대비 4.3배로 늘어난다. 이는 1975년에는 젊은 사람 16.7명이 노인 1명을 부양했지만, 2015년과 2022년에는 각각 5.7명과 4.5명이, 그리고 2067년에는 젊은 사람 1명이 노인 1명을 부양해야 한다는 것을 의미한다.

넷째, 연금 고갈 문제를 초래하게 된다. 노인인구 증가로 연금수급자가 급격히 증가하는 반면, 저출산의 영향으로 연금가입자의 증가율은 상대적으로 낮아지고 있다. 이에 따라 향후 연금지출액이 연금수입액을 초과하면서 연금 고갈 우려가 커지고 있다. 사실 다수의 연구기관은 지금과 같은 수입지출구조를 상정하더라도 2050년대 중반쯤에는 국민연금이 완전히 고갈되는 것으로 전망하고 있다. 여기에 인간의 수명이 갈수록 늘어나고 있는 현실을 고려한다면 연금지출 수요는 앞으로 무한정 늘어나게 된다.

그렇다고 늘어나는 지출 수요를 충족시키기 위해 보험료율을 대폭 인상하는 등 연금수입구조를 개편하는 것도 현실적으로 쉬운 일이 아니다. 더욱이 보험료율을 지금보다 2배 이상 인상하더라도 증가하는 지출 수요를 감당하기는 역부족이다. 기존의 연금제도는 오래가지 않아 결국 파산하게 되고 말 것이다.

이런 문제점들을 해소하기 위해서는 무엇보다 출산 친화적인 경제사회환경을 조성해 나가는 것이 중요하다. 노인 정책이 아무리 완벽하게 준비되어 실행된다 하더라도 인구구조 개선의 열쇠는 결국 출산율

제고에 있다. 이를 위해서는 출산과 양육이 부모들에게 큰 부담이 되지 않도록 높은 주택비와 교육비 부담을 낮추어야 한다. 그리고 육아 시설 확충 등 출산 친화적 정책을 적극 추진해야 한다. 이와 함께 탄력적 근로시간제, 선택적 근로시간제, 시간제 근무 등 유연근무제도를 확대 운용해야 할 것이다.

아울러 고령층의 일자리 창출에도 힘써야 한다. 우리나라는 이미 2024년 말부터 65세 이상 노인인구가 전체 인구의 20%를 넘어서는 초고령화 사회로 진입해 있다. 이에 노인들의 노동시장 참여가 매우 중요하다. 따라서 평생교육 체제를 구축하여 노인층을 인력시장에 끌어들임으로써 노동력 부족 현상에 대비하는 한편, 이들의 노동숙련도와 전문성을 최대한 활용할 필요가 있다.

# 04
# 트럼프 2기 시대
# – 보호주의 정책의 강화

## 트럼프 2기 시대, 각자도생의 국제질서

트럼프 대통령의 집권 1기 시절, 그는 오랫동안 미국이 다른 국가들에게 일방적으로 수혜를 공여해온 결과 경제력이 많이 쇠퇴해졌다는 판단을 하고 있었다. 여기에 중국이 급속히 부상하는 것에 대해서도 커다란 위협을 느꼈다. 그래서 그는 집권하자마자 '미국을 다시 위대하게(Make America Great Again)'와 '미국 우선주의(America First)'라는 슬로건(slogan)을 내걸었다. 그리고 이를 구체화하기 위해 '바이 아메리카, 하이어 아메리칸(Buy America, Hire American)'이라는 원칙과 전략을 펼쳐나갔다.

그는 외교정책 면에서는 고립주의를 선택하였다. 미국 우선주의 앞에 동맹국이나 우방은 별 의미가 없었다. 유럽과 아시아의 동맹국들에게 미군 철수를 공언하며 더 많은 방위비 분담을 요구하였다. 이민 통제에도 적극적이었다. 또 집권하자마자 환태평양경제동반자협정(TPP) 탈퇴, 반이민 행정명령 서명, 멕시코 국경장벽 설치, 이란 핵협상 파기, 파리 기후변화협정 탈퇴, 유네스코(UNESCO) 탈퇴 등 그동안 미국이 추구해온 가치와 이상에 배치되는 정책을 잇달아 쏟아내며 자유주의 국제질서를 스스로 훼손하였다. 그리고 자국의 경제적 이익에 반한다고 여기면 무차별적인 관세 폭탄 조치를 취해 나갔다.

이러한 경향은 트럼프 이후 들어선 바이든 행정부에서 다소 완화되기는 했지만, 기본적인 방향은 여전히 미국 우선주의가 관통하고 있었다. 더욱이 2024년 11월 치르진 미국 대선에서 공화당의 트럼프 전 대통령이 승리함으로써 '트럼프 2기 시대'를 열게 되었다. 트럼프는 대선 승리 연설에서 "미국의 진정한 황금시대를 열겠다. 미국을 우선시하는 데서 시작하겠다."라고 말했다. 여기에 공화당은 상원과 하원까지 다수당이 되었다. 그 결과 'America First'라는 정책 노선이 과감하게 추진될 것으로 예견된다.

## 보호무역의 강화와 관세 폭탄

향후 트럼프 2기 시대의 미국 우선주의 원칙을 담보하는 주요 정책은 관세를 중심으로 하는 강경한 보호무역주의, 동맹과도 비용 분담을 우선시하는 거래주의, 미국 제조업 경쟁력 강화와 부흥 등으로 특징지을 수 있다. 이를 좀 더 구체적으로 알아보면 다음과 같이 요약된다.

첫째, 무엇보다 세계 경제에 강력한 영향을 미칠 시책은 보호무역의 강화이다. 트럼프 당선자가 '관세는 가장 아름다운 단어(Tariffs is the most beautiful word)'라고 표현했듯이, 미국 이익을 최우선으로 하는 보호무역주의를 강화할 것이다. 트럼프 1기가 특정 물품과 국가에 적용했다면, 2기에는 모든 물품과 국가를 대상으로 한다. 트럼프는 집권 1기 시절, 관세를 부과해 무역적자를 1년 만에 250억 달러가량 줄인 경험이 있다. 그래서 이처럼 강력한 보호무역주의를 추구하는 것이다.

트럼프는 미국의 무역수지 적자를 줄이기 위해 모든 수입품에 10~20% 관세를 부과하는 '보편적 관세'와 상대국과 동일한 수입관세율을 부과하는 '상호무역주의' 원칙 도입을 천명하였다. 이에 동맹, 비동맹 구분 없이 대미 무역흑자국에 대한 압박 및 무역장벽은 한층 더 높아질 것으로 전망된다. 특히 중국에는 더 가혹한 잣대를 들이댔다. 최혜국 무역 지위를 박탈하고 중국산 수입품에 60%의 관세를 매기겠다는 공약을 내놓았다. 이와 같은 일련의 시책을 통해 그간 해외에 빼앗긴 일자리와 무역 수익을 돌려받겠다는 계산이다.

트럼프의 이러한 관세 폭탄 정책의 기조는 취임 이후에도 이어졌다. 그는 마약 규제를 빌미로 취임 첫날 캐나다와 멕시코로부터 수입하는 모든 제품에 25%의 고관세를 부과하겠다고 선언하였다. 아울러

중국에는 모든 수입품에 기존의 관세에 10%를 추가해 부과하겠다고
으름장을 놓았다. 물론 캐나다와 멕시코에 대한 관세 부과는 유예되었
지만, 좌충우돌하는 트럼프의 성향상 언제 이를 또다시 뒤집을지 예측
불가능한 일이다.

그런데 캐나다와 멕시코는 미국과 USMCA 자유무역협정을 체결한
국가들이다. USMCA(United States Mexico Canada Agreement)는 기존의
NAFTA를 대체하는 북미 3개국 간의 자유무역협정 FTA이다. 트럼프
1기 시절, 기존 NAFTA가 미국의 일자리를 빼앗고 무역적자를 가져온
다며 비판해 왔던 그는 2017년부터 NAFTA 재협상을 시작하였다. 이
후 2018년 3국 간의 합의로 타결된 새로운 FTA가 바로 USMCA이다.

그런데 이제는 USMCA도 불가피하게 대폭 수정되거나 무용지물이
될 우려에 처해 있다. 이는 중국 등 대규모 대미흑자를 나타내고 있는
국가의 기업들이 그동안 미국의 높은 관세 부과를 회피하기 위해 생산
기지를 미국의 앞마당 격인 캐나다와 멕시코로 대폭 옮겼다는 사실을
간파한 데 기인한다. 앞으로는 이러한 우회적인 수법을 용납하지 않겠
다는 의미이다. 한마디로 동맹, 비동맹에 상관없이 미국의 이익에 부합
하지 않으면 가차 없이 고관세를 부과하겠다는 것이다. 따라서 큰 규모
의 대미흑자국인 우리나라도 한미 FTA 개정에 대비해야 할 것이다.

이와 함께 상호관세의 밑그림도 그려진 상태이다. 트럼프 대통령은
무역상대국들의 관세 및 비관세 장벽을 두루 고려하여 이르면 4월 초
맞춤형 상호관세를 세계 각국에 부과할 것이라고 발표했다. 비관세 장

벽 및 조치에는 수입 정책, 위생 조치, 무역에 대한 기술적 장벽, 정부 조달, 수출 보조금, 지적재산권 보호 부족, 디지털 무역장벽, 정부가 용인하는 국영 또는 민간기업의 반경쟁적 행위 등을 포함해 정부가 부과한 모든 조치와 정책, 비금전적 장벽 등이 총망라된다.

특히 트럼프 대통령은 부가가치세를 포함해 무역상대국이 미국기업, 근로자와 소비자에게 부과하는 불공정하고 차별적 세금이나 역외부과 세금도 상호관세 책정의 검토 요소라고 밝혔다. 또 환율 정책과 임금 억제 정책, 미국기업의 시장 접근을 불공정하게 제한하는 관행 등도 검토 대상으로 꼽았다. 이에 상호관세가 시행될 경우 미국에 대한 수출의존도가 높은 우리로서는 치명적인 부담을 안게 될 공산이 크다.

## 자국의 기업 지원을 강화하는 산업정책

둘째, 산업정책 면에서 미국의 산업과 기업을 지원 및 육성하는 시책을 강화할 것이다. 우선 트럼프는 바이든 행정부가 추진해온 자동차 연비 규제와 전기차 확대 정책을 폐지하겠다고 말했다. 즉 그는 '인플레이션감축법(IRA, Inflation Reduction Act)'을 신종 녹색사기로 규정, 즉각 폐기하고 화석연료 중심의 에너지 정책으로 회귀하겠다고 공언했다. 다만, IRA 폐지 등 급진적인 정책 변경으로 이어지기는 어려울 것으로 보인다. 이는 공화당 내에도 적지 않은 수의 의원들이 지역구 사정상 IRA 법안을 지지하고 있기 때문이다. 그래서 전기차 보조금이나 세액공제 조건을 더 까다롭게 하는 타협안이 나올 것으로 전망된다.

트럼프 당선자는 또 바이든 행정부가 제정한 미국에 투자하는 반도체 기업에 대한 지원을 골자로 하는 '반도체 칩과 과학법(CHIPS)'에 대해서도 "정말 나쁘다"라며 비난해 왔으며, 이미 확정된 보조금 규모에 대한 재협상을 시도하고 있다. 아울러 반도체법을 폐기하고, 대신 반도체에 높은 관세를 매기겠다는 계획을 밝힌 상태이다. 이는 외국 반도체 기업이 미국에 반도체 공장을 짓도록 유도하면서도 투자에 대한 인센티브(incentive) 보다는 투자를 하지 않으면 페널티(penalty)를 부과하는 정책 조합이다. 한마디로 트럼프는 동맹국과의 협력체제 구축보다는 자국 기업의 반도체 제조 및 기술력을 강화하는 방향으로 정책을 전환하겠다는 뜻이다.

다만, 트럼프 역시 중국 견제를 위해서는 동맹국과 보조를 맞출 것으로 보인다. 이는 중국의 인공지능 스타트업 딥시크(DeepSeek)가 저사양 반도체로 고성능의 인공지능(AI) 기술을 구현한 이른바 '딥시크 충격' 이후 취해진 행보에서도 잘 나타나고 있다. 즉 트럼프 행정부는 대중국 반도체 수출 규제를 기존의 고사양 칩에 더해 저사양 칩까지 확대하는 방안을 검토하고 있는 것으로 전해졌다. 이 과정에서 미국은 동맹국에도 중국의 딥시크 사용 규제, 반도체 수출 규제 확대 조치에 협조를 요청할 예정이다.

이처럼 산업정책이 미국기업에 대한 지원 강화로 전환됨에 따라 글로벌 공급망 전략도 자국 위주로 재편될 것으로 보인다. 우선 그동안 전략적으로 추진해 왔던 우호국이나 동맹국들과 공급망을 공동으로 구축하는 '프렌드쇼어링(friend-shoring)'에서 벗어나, 더 많은 국내 일자리 창출을 위해 본국으로 생산시설을 옮기는 '온쇼어링(onshoring)'에 역점을 둘 것으로 예견된다. 아울러 중국 견제 강화를 위해 글로벌 공급망에서 중국을 완전히 배제하는 전략인 '디커플링(decoupling)'이 강화될 것이다.

이와 같은 여건의 불확실성 증대로 인해 세계 경제는 큰 타격을 입게 될 것이다. 세계은행(World Bank)은 최근 보고서에서 트럼프 행정부가 10%의 보편관세를 부과할 경우 세계 경제 성장률은 0.3%p 하락할 것으로 예측했다. 이에 따라 수출이 경제성장률의 80% 내외를 차지하고, 미국과 중국의 수출시장 비중이 약 40%에 달하는 등 대외 의존도가 높은 한국 경제는 더욱 어려운 상황에 놓이게 되었다.

무엇보다도 큰 규모의 대미무역 흑자를 나타내고 있는 우리나라에 대한 미국의 통상 압박이 커질 것으로 보인다. 미국은 우리나라의 대미무역수지 흑자 규모가 2023년 510억 달러, 2024년 557억 달러를 기록한 만큼, 한미 자유무역협정(FTA) 등 기존 무역협정에 대한 재협상을 시도할 가능성이 크다. 그리고 미국과 무역분쟁을 치르고 있는 중국 또한 우리가 미국과의 우호적 관계를 이어가면 이를 과거 한한령(限韓令)의 사례에서처럼 경제제재 조치의 지렛대로 활용할 가능성이 크다. 중국은 우리와 산업구조가 비슷해 수출시장에서 경쟁구조를 나타내고 있기에 중국의 보복 조치는 한층 더 부담스럽다.

# 05
# 에너지와 자원전쟁의 확산

국제 사회에서 자원 확보의 어려움은 비단 어제오늘 시작된 것이 아니다. 사실 인류 역사는 처음부터 자원 확보를 위한 갈등과 투쟁으로 시작했다. 지금 전 세계는 국가 경제와 국민 생활에 필요한 자원 확보에 전전긍긍하고 있다. 특히, 갈수록 복잡해지고 냉각되고 있는 국제 경제 질서, 기후위기 극복을 위한 탄소중립 압력 등은 자원의 중요성을 한층 더 고조시켜 놓았다. 이런 상황에서 풍부한 자원을 가진 자원 보유국들이 저마다 자원의 무기화를 공식화하고 있다.

## 에너지 패권전쟁의 심화

에너지는 경제성장의 동력원으로 없어서는 안되는 중요한 투입 요소이다. 에너지 공급이 어려우면 경제활동이 중단되거나, 심할 경우 국가 경제 전체가 마비되는 상태에 이를 수도 있다. 세계 경제의 성장이 지속한다면 에너지 수요 또한 계속 늘어날 것이다. 특히, 우리나라는 에너지 다소비 국가이면서도 에너지 대부분을 해외에서 들여오고 있다.

이미 세계는 두 차례에 걸쳐 에너지 파동을 겪었다. 앞으로도 에너지 수요는 지속해서 늘어날 것으로 예견되는 반면, 공급 상황은 중동 및 북아프리카의 정정불안, 이란 제재 강화 조치 등에 따라 출렁이며 불안정한 모습을 나타내고 있다. 여기에 자원 보유국들은 에너지를 국제 사회에서 자국 위상 강화를 위한 지렛대로 활용하는 경향을 강화해 나가고 있다. 자원 보유국이 자원개발을 할 때 외국 합작기업의 지분 참여 제한, 로열티 인상 또는 높은 보너스 요구, 심지어 외국인 기업에 대해서는 신규 자원개발을 허용하지 않는 나라까지 나타나고 있다.

이에 자원 확보를 위한 국가 간의 경쟁은 한층 더 가열되고 있다. 에너지를 무기로 한 자원전쟁은 지금도 벌어지고 있다. 2022년 초 러시아가 우크라이나를 침공하자 미국을 위시한 서방 선진국들은 러시아에 대해 금융제재, 교역 중단 등의 강력한 조치를 발동하였다. 이에 러시아는 천연가스를 무기로 반격하였다. 유럽연합(EU) 소속 27개국은 그동안 러시아로부터 수요의 약 40%에 달하는 천연가스를 수입·사용해 왔다. 그런데 2022년 12월, 러시아가 유럽 가스관을 봉쇄해 버리자 천연가스 가격이 폭등하면서 유럽 경제는 치명상을 입었다. 이후 그 후유증은 세계로 확산되었고, 지금도 여전히 벗어나지 못하고 있다. 여기에 석유 매장량이 집중된 중동지역에서 벌어지고 있는 이스라엘 과 이란과의 전쟁이 앞으로 더 확전된다면 국제유가가 크게 상승할 우 려도 남아 있다.

## 자원전쟁의 확산과 그 중심에 선 중국

글로벌 친환경 정책의 확산과 산업구조가 IT 등 첨단산업 위주로 바 뀌면서 자원전쟁의 주 대상 분야는 기존의 에너지에서 광물로 전환되 는 추세를 나타내고 있다. 이제 첨단기술 제품의 핵심 원자재가 되는 광물에 대한 접근 가능성이 글로벌 기업들의 경쟁력을 결정짓는 요소 로 부상하였다. 특히, 첨단산업용 희유금속과 관련된 각축전은 전쟁을 방불케 한다.

그런데 이 광물 자원전쟁의 중심에 중국이 있다. 다양한 광물패권을 쥐고 있기 때문이다. 미국이 조사한 자료에 의하면 서방국가들이 필요 로 하는 전략 자원들의 65% 가량을 중국이 쥐락펴락하고 있는 것으로 알려져 있다. 더욱이 중국은 희귀 광물 대부분의 제련시설을 장악하고 있다. 이들 광물의 가공제련 과정에서는 많은 중금속과 매연이 발생한 다. 이에 환경규제가 심한 선진국들은 제련시설 설치를 회피하는 상황 이 되었다.

따라서 아무리 중국 이외의 지역에서 새로운 광산을 발굴하여 원광석을 캐내더라도 가공처리를 위해서는 중국의 신세를 지지 않을 수 없는 구조이다. 그만큼 중국의 광물통제권이 막강해진 것이다. 문제의 심각성은 중국이 보유한 광물패권을 경제전쟁의 지렛대로 자주 활용하고 있다는 점이다. 특히, 반도체·배터리·에너지 분야에 필수적인 희토류와 리튬 등 핵심광물 확보에 비상이 걸렸다.

희토류(稀土類, rare earth metal)란 희유금속의 한 종류인데, 말 그대로 '희귀한 흙'이라는 뜻이다. 희토류는 하나의 광물이 아니고, 란타넘(La), 세륨(Ce), 프라세오디뮴(Pr), 네오디뮴(Nd), 프로메튬(Pm) 등 17개 원소를 합쳐서 가리키는 용어이다. 이들 원소는 세계적으로 매장량이 적어서 매우 희귀하다. 더욱이 채굴과 정제 과정이 복잡 난해하고 막대한 화학물질 투입으로 환경오염 문제가 발생함에 따라 친환경 정책을 추구하는 대다수 선진국은 희토류를 직접 생산하지 않고 있다.

희토류는 열과 전기가 잘 통하기 때문에 전기전자·촉매·광학·초전도체 등에 쓰인다. 실제로 전기자동차, 풍력발전모터, 액정표시장치(LCD) 등의 핵심부품이다. 그런데 전 세계가 소비하는 희토류의 약 90%를 중국이 공급하고 있다. 이런 환경 덕에 희토류는 중국의 산업과 외교에 유용한 자원이 됐다. 희토류를 국가전략자원으로 관리하면서 매년 채굴량을 통제하고 수출을 줄이기 시작한 것이다.

중국은 2010년 센카쿠열도 문제로 일본과 분쟁을 겪었을 때 희토류 수출 중단 카드를 꺼내 들었다. 당시 일본은 억류했던 중국 어선 선장을 석방하며 백기를 들었다. 2018년에도 미국이 관세 인상과 화웨이 제재 등 무역전쟁을 일으키자 중국은 희토류 보복 카드를 만지작거리기 시작했다. 희토류는 각종 전자제품, 스마트폰, 전기차, 군사 장비 제조에 필수 원료로, 중국이 수출을 중단할 경우 미국은 커다란 타격을 입게 되기 때문이다. 그리고 2024년 미·중 무역전쟁이 재점화되면서 이 카드가 또다시 등장하였다.

리튬(lithium)은 원자번호 3번의 원소(Li)로, 유리와 세라믹의 열 저항을 증가시켜 여러 산업에 활용되고 있다. 현재 가장 주목받는 산업적 활용처는 배터리 분야이다. 향후 전기차 시장의 빠른 성장에 따라 리튬 수요도 대폭 증가할 것으로 전망되면서, '하얀 석유' 또는 '백색 황금'으로 불리고 있다. 중국은 자체의 리튬 생산량은 세계 16% 선에 그치지만, 대규모 해외 광산 투자와 제련·정제 공정부문에서 높은 점유율을 확보하고 있다. 이에 세계 시장에서의 리튬 거래도 주로 중국 위안화로 이뤄지고 있다. 이를 통해 중국은 전기차 배터리 시장을 장악했다. 중국의 기업 CATL과 BYD는 세계 전기차 배터리 시장에서 1~2위를 달리고 있다.

중국은 자원 무기화 대상을 기존의 리튬·희토류뿐만 아니라 점차 니켈·코발트·흑연·갈륨·게르마늄·보크사이트 등으로 확대하고 있다. 2023년 8월부터 미국의 반도체 규제에 맞대응하여, 반도체 공정에 필수적인 갈륨(gallium)과 게르마늄(germanium) 관련 제품들을 수출제한 대상으로 지정한 것도 이런 전략에 따른 것이다.

이러한 중국의 자원 무기화 전략이 먹혀들자 남미, 아프리카, 아시아의 자원 부국들도 이에 가세하는 움직임을 나타내고 있다. 이들은 광물 수출 통제, 채굴권 독점, 자국 내 가공 등 고부가가치 생태계를 구축함으로써 자원 부국으로서의 전략적 위상을 극대화하고 있다. 특히, 아시아 최대 자원 부국인 인도네시아는 2020년부터 전기차 배터리 제조에 투입되는 핵심광물의 하나인 니켈을 원광 형태로 수출하는 것을 금지하였다. 아울러 2023년에는 알루미늄 원료인 보크사이트 원광석 수출을 중단하였고, 계속해서 주석과 구리, 금 등 다른 광물들로 확대해 나가고 있다.

이처럼 자원전쟁은 전 세계적으로 확대되는 추세이며 우리나라도 이 전쟁의 피해를 제대로 겪고 있다. 일본은 우리나라 수출의 핵심품목인 반도체에 타격을 주기 위해 2019년 7월, 반도체 실리콘 웨이퍼(silicon wafer)제조 공정의 주요 자재인 불화수소를 수출 규제품목으로 지정하였다. 또 중국은 2021년에 이어 2023년 9월에도 디젤엔진 자동차의 구동에 필수적인 요소 수출을 통제함으로써 물류대란 우려를 낳았다.

## 자원 공급의 안전망 구축 노력

이런 상황에서 미국과 EU는 자원 공급의 안전망 구축을 위한 시책을 내놓았다. 미국은 2022년 「인플레이션 감축법(IRA, Inflation Reduction Act)」을 제정하여, 전기차 배터리의 핵심 자재인 리튬, 코발트, 니켈 등 광물은 2023년 40% 이상에서 시작하여 2027년에는 80%로 높여 미국 또는 미국과 FTA를 체결한 나라에서 조달토록 하고 있다. 그리고 EU도 2030년까지 제3국산 전략적 원자재 의존도를 65% 미만으로 제한하는 「핵심원자재법(CRMA, Core Raw Materials Act)」을 제정하여 2024년 5월부터 시행 중이다.

우리도 이처럼 갈수록 고조되는 글로벌 자원전쟁에의 대응 방안을 전략적으로 마련·추진해 나가야만 한다. 무엇보다 우리는 자력으로 에너지와 주요 광물 공급이 불가능한 수입국이기에 이들의 안정적 공급원 확보가 필수과제이다. 즉 광물 수입선 다변화와 자원 생산국과의 관계 증진 노력을 강화해야 한다. 아울러 자원 절약 및 재활용률 증대, 기술 개발을 통한 새로운 대체 원료도 찾아야 한다.

이와 함께 미국을 비롯하여 세계 각국이 비용을 부담하더라도 자국 내 생산을 추진하는 상황에서 국내 생산 여건을 조성하는 것도 중요하다. 다만, 녹색경제로의 이행 또한 필수과제이기에 국내 제련설비 확충은 쉽지 않은 과제이다. 우리는 자원의 안정적 공급이란 과제와 환경정책을 균형 있게 추진해 나가야만 한다.

# 06
# 중국 경제의 부진

## 반토막 난 중국의 경제성장 추세

중국은 2023년 기준 GDP 규모가 18조 5,326억 달러로, 세계 전체 경제에서 17.0%의 비중을 차지하였다. 이는 미국에 이어 두 번째로 큰 경제 규모다. 중국의 수출입을 합친 총교역 규모는 5조 9천 8백억 달러로, 미국의 5조 1천 1백억 달러보다 약 8천 7백억 달러 이상 더 컸다. 특히 수출은 중국이 3조 4천 2백억 달러로 1위를 차지하였다. 더욱이 인구는 14억 명을 넘어서는 큰 시장을 형성하고 있다. 이처럼 경제 및 교역 규모가 크다 보니 중국이 세계 경제에 미치는 영향력은 막중하다.

특히 우리나라는 중국 경제의 영향력을 크게 받는다. 중국은 2024년 기준 우리나라와의 수출과 수입이 각각 1,300~1,400억 달러에 달하여 최대의 교역상대국이기 때문이다. 또 우리나라를 찾는 중국인 관광객 또한 연간 5백만 명을 넘어 전체 관광객의 약 절반을 차지하고 있다. 그동안 중국은 우리나라에서 큰 폭의 무역적자를 보였으나, 2023년부터는 흑자국으로 돌아섰다. 우리나라가 대중국 교역에서 적자를 기록한 것은 1992년 이후 처음이다. 2006년 628억 달러의 흑자로 정점을 찍은 이후부터 점점 규모가 줄어 2021년 243억 달러를 기록했다가 2022년 12억 달러로 쪼그라들었고, 2023년에는 180억 달러의 적자로 돌아섰다.

최근에 중국 경제가 부진한 모습을 보이면서 우리나라와 세계 경제에 미치는 파장이 커지고 있다. 중국 경제는 지난 1979년부터 2012년 동안 연간 9.8%의 고속성장을 유지하면서 세계 경제에 대한 기여도가 매년 20%를 초과하였다. 그러나 최근 몇 년 사이 성장곡선이 급격히 하강하고 있다. 2012년부터는 7%대, 그리고 2015년부터는 6%대로 추락하였다. 그러다가 코로나 팬데믹 사태 이후부터는 5%조차 달성하기 어려워질 것으로 전망되고 있다. 문제는 중국의 경기 부진은 곧바로 우리에게 타격을 준다는 데 있다. 중국의 경제성장률이 1%p 하락하면 우리나라 성장률이 최대 0.5%p까지도 하락하는 것으로 알려져 있다.

더욱이 트럼프 대통령 시절부터 시작된 미국의 강력한 견제로 수출이 감소하고 있으며, 20%가 넘는 청년실업률도 고민거리이다. 중국은 경기부양을 위해 미국과 유럽 등 다른 나라 금리 인상 시기에도 오히려 금리와 지준율을 인하해 왔다. 그러나 별다른 효과를 거두지 못하고 있다. 여기에 생산자물가가 하락하고, 소비자물가는 0%대 상승에 그치는 등 디플레이션 가능성마저도 커지고 있다.

## 시장경제 원리의 미정착이 부진의 근본요인

그러면 이처럼 중국 경제가 부진한 이유는 무엇일까? 우선 시장경제가 제대로 정착되어 있지 않다는 점이다. 즉 시장 논리에 따른 자유로운 거래와 법의 지배라는 원칙이 정착되어 있지 않다. 다시 말해 아직도 정부가 경제활동과 금융거래를 자의적으로 규제한다는 것이다. 이를 개선하려면 정보 공개를 확대하고 정부 시스템과 금융시장의 투명성을 확보해야 하지만, 중국의 정책에서 그런 변화를 기대하기는 쉽지 않다.

알리바바(Alibaba)의 창업자 마윈(馬雲)이 입은 경제적 손실은 대표적 사례이다. 마윈은 금융부문 자회사 앤트그룹(Ant Group)을 통해 중국 금융의 전면 혁신에 나섰다. 2020년 10월에는 "당국의 '전당포'식 사고방식은 향후 30년 세계 발전에 필요한 금융을 뒷받침할 수 없다" 등의 발언을 쏟아내며 당국의 금융규제를 공개 비판하였다. 이후 앤트그룹은 기업공개(IPO) 절차를 전격 중단당하는 등 시진핑 정부로부터 고

제2장 대내외 경제 여건의 악화

강도 제재를 받았다. 그 결과 마윈은 자신의 기업이 분할되거나 경영에서 손을 뗐고, 보유재산도 전성기의 절반에 못 미치는 300억 달러에 이를 것이라는 관측이 나왔다.

이와 함께 이례적으로 높은 수준의 기업채무와 그 배경에 있는 부동산 리스크(risk)를 중국 당국이 어떻게 해결해 나갈지에 대한 의문 또한 중차대한 걸림돌이다. 대형 부동산 개발업체 헝다와 비구이위안 사태는 단적인 예이다. 중국 최대 부동산 개발기업 헝다(恒大)그룹의 Evergrande는 2021년부터 파산 위기에 처했다가 결국 청산 명령이 내려졌다. 또 다른 부동산 개발업체 비구이위안(碧桂園, Country Garden)도 청산절차를 밟고 있다. 이들은 부동산경기가 호황을 누리던 시절 문어발식으로 사업을 확장하다가 정부의 강력한 부동산 대출 규제로 자금난에 빠져 파산 위기에 처하게 된 것이다.

또 불황의 여파로 수도 베이징을 비롯한 선전, 상하이 등 대도시의 사무실 임대료가 30% 하락하고, 공실률은 20% 안팎까지 치솟고 있다. 인구가 감소하고 도시화율 진행이 둔화함에 따라 중국의 주택 수요를 견인하는 구조적 요인이 흔들리고 있기 때문이다. 여기에 부동산은 완전한 소유가 불가능하고 규제도 불투명한 관계로, 부유층은 물론 중산층조차 해외로 자산을 이전하려는 성향이 강한 실정이다.

더욱이 지방 개발과정에서 대폭 늘어난 '그림자 금융(shadow banking)' 문제도 심각하다. '그림자 금융'이란 은행과 비슷한 신용중개 기능을 하면서도 은행처럼 엄격하게 건전성 규제를 받지 않는 금융기관과 금융상품을 통틀어 일컫는 말이다. 특히 이런 '그림자 금융'을 많이 활용하고 있는 지방정부는 채무 투명성이 낮아 채무의 규모도 파악하기 어려운 실정이다. 향후 경기가 하강국면으로 진입할 경우 그림자 금융은 부실폭탄의 재앙으로 작용할 가능성도 없지 않다. 아울러 이러한 대규모의 채무 문제를 해결하는 동안 중국은 장기간 저성장에 빠질 우려도 매우 크다.

## 경제 부진은 일시적이 아닌 구조적 문제

문제의 심각성은 이러한 중국 경제 부진이 일시적 현상이 아닌 구조적 요인에 의한 것이라는 분석에서 비롯된다. 따라서 앞으로는 더이상 이전과 같은 높은 성장세를 기대하기 어렵다는 것이다. 그리고 금융부문에서도 위안화의 기축통화 부상이 거의 불가능한 것으로 보인다. 자칫하다가는 과거 일본이 경험한 '잃어버린 30년'의 악몽이 덮칠 우려마저도 없지 않다.

첫째, 인구가 감소하는 가운데 소비지출과 투자 부진이 이어지고 있다. 중국도 이미 저출산·고령화 사회에 들어섰다. 합계 출산율이 1.1명에 불과하고, 65세 이상 인구가 14.9%에 이른다. 이에 인구수는 14억 1천 명으로 인도에 추월당해 2위가 되었다. 그 결과 소비자 지출이 부진하고 부동산 시장이 흔들리고 있으며 지방정부의 부채는 나날이 치솟고 있다.

　　　　　　　　　　　제2장 대내외 경제 여건의 악화

또 빈부 격차를 줄이겠다는 취지에서 비롯된 '공동부유(共同富裕)'의 정책이념은 투자 제약요인이 되고 있다. 2021년 시진핑 주석이 이를 발표한 이후 기업인을 중심으로 부유층의 중국 탈출이 이어지고 있다. 부유층의 거주지 이전은 보유 자산뿐만 아니라 지식과 전문성, 네트워크의 이동을 의미하는 것인 만큼 고용 축소와 투자 부진 등 경제에 다양한 파급효과를 가져온다.

둘째, 금융시장 역시 해외에서 안심하고 투자할 수 있는 환경이라고 보기 어렵다. 중국의 실물경제 규모는 GDP 비중이 세계 전체의 17%로, 26%를 차지하는 미국을 곧 따라잡을 기세를 나타내고 있다. 그렇지만 이를 뒷받침하는 금융시장 발전의 측면에서는 여전히 국제기준에 크게 뒤떨어져 있다는 평가를 받고 있다.

우선 금융시스템이 불투명하고 자의적이다. 아직도 금융기관 영업활동이 정부의 통제 아래 놓여 있는 관치금융이 이어지고 있다. 국영기업에 대한 자금 대출이 타당성 조사 없이 정부의 의도대로 이뤄지고 있다. 그러다 보니 글로벌 경제상황이 삐끗하면 대형 금융사고가 일어날 수도 있다. 환율 결정 시스템도 투명하지 않다. 아직도 환율 결정에 정부가 개입하는 정도가 커, 환율조작국으로 지정될 우려가 계속되고 있다. 또 금리나 환율, 주가 등 시세 변동에 따른 위험에 대비할 수 있는 다양한 파생상품이 제대로 갖춰져 있지 않다.

자본시장에 대한 정부 통제는 더 심하다. 더욱이 자본유입은 느슨하게, 자본유출은 엄격하게 제한하는 비대칭적 통제를 하고 있다. 이런 상황에서는 위안화가 기축통화는 커녕 국제통화로 발돋움하기도 어렵다. 이는 중국이 야심차게 개발 중인 디지털 위안화 e-CNY도 크게 다르지 않다.

물론 중국 위기론에 대한 반론도 없지 않다. 그 이유로 최근의 딥시크 충격이 가져온 혁신 능력을 들고 있다. 2025년 초 중국의 인공지능 스타트업 딥시크(DeepSeek)가 개발한 저가형 AI 모델이 글로벌 시장을 뒤흔들자 시진핑(習近平) 국가주석은 량원펑(梁文锋) 딥시크 창업자, 마윈 알리바바 창업자 등 첨단기술 기업인들을 한 자리에 불러 모았다.

이 자리에서 시 주석은 "민영기업이 중국 경제 발전의 중요한 구성요소"라며 미국과의 기술 경쟁에서 밀리지 않기 위해 민간부문을 적극 지원하겠다는 의지를 드러냈다. 이를 미·중 무역 갈등 고조, 경기침체 장기화 등을 타개할 묘수로 삼은 게 아니냐는 해석이 곳곳에서 나오고 있다.

그러나 이런 기업 친화적인 분위기 역시 오래가지 않을 것이란 의견이 지배적이다. 이유는 오랜 세월 뿌리내려져 있는 권위적인 통치구조에서 찾을 수 있다. 이전에는 공산당 내에 태자당, 공청단, 상하이방 등 다수의 파벌이 상호 권력을 견제하는 모습을 보였다. 그러나 시진핑 집권 이후에는 이마저도 와해되어 완전한 1인 독재국가가 되었다. 이는 마윈이 중국 정부에 쓴소리를 했다가 소유기업들이 거의 파산상태로 몰려간 경험에서도 잘 나타나고 있다. 특히 금융은 아직도 관치금융에 깊이 길들여져 있기에 혁신의 바람이 파고 들어갈 여지가 거의 없는 상황이다.

홍콩 중원(中文)대학교에서 석좌교수를 지낸 랑셴핑(郎成平)은 『누가 중국 경제를 죽이는가』라는 책에서 다음과 같이 기술하였다. "지난 30여 년간 중국은 경제면에서 고도의 성장을 유지해 세계 2위의 경제대국이 됐다. 그러나 환경 오염, 자원 낭비, 인권 억압, 민주와 자유에 대한 탄압, 세계의 보편적 가치관 미흡 등 후진적인 경제사회 구조는 여전히 중국을 선진경제로의 비상을 방해하고 있다. 문명의 전환기라고 하는 지금 낡은 관념을 버리고 기존의 틀에서 뛰쳐나와 미래 관점에서 민주, 자유, 인권 신장을 경제 발전과 함께 추진해 나가야 중국은 진정한 선진 경제대국이 될 수 있을 것이다." 10년 전의 이야기이지만 지금도 별로 달라진 게 없는 것 같다.

# 제3장

## 벼랑 끝의
## 한국 경제

한국 경제는 정체 상태를 넘어 가히 위기국면에 놓여 있다. 1%의 저성장이 고착화하고 있다. 이에 일자리가 부족한 가운데 가계 빚은 사상 최대이며, 자영업자와 서민들은 높은 생활물가와 극심한 영업난에 시달리고 있다. 또 환율이 급등하면서 제2의 외환위기를 걱정하는 분위기에 휩싸여 있다. 여기에 주력산업의 경쟁력이 빠르게 쇠락하고 있으며, 미래의 먹거리인 새로운 성장동력을 제대로 발굴·육성하지 못하고 있다.

# 01
# 무기력 경제
# - 성장잠재력의 고갈

## 추락하는 잠재성장률

지금 우리 경제는 매우 어려운 상황에 놓여 있으며. 이런 상태는 앞으로도 상당 기간 지속할 것으로 전망된다. 한마디로 경제가 활력을 잃고 무기력증에 빠져 있다고 할 수 있다. 무엇보다도 성장잠재력의 약화 현상을 들 수 있다. 성장잠재력은 한 나라의 노동·자본·자원 등 모든 생산요소를 동원하면서도 물가상승을 유발하지 않고 달성할 수 있는 최대 생산수준을 뜻한다. 잠재성장률은 이 잠재 국내총생산(GDP)의 증가율로, 한 나라 경제의 잠재력 또는 기초체력을 가늠할 수 있는 지표이다.

한국은행에 따르면 우리의 잠재성장률은 1970년대 초에는 약 10%, 1970년대 중반부터 1990년대 초까지는 8~9%를 유지하였다. 외환위기 기간인 1998년에는 4%로 하락하였으나 1999년 이후에는 IT산업이 호조세를 보임에 따라 5%까지 상승하였다. 그러나 2004년 이후 잠재성장률은 다시 하락추세를 나타내고 있으며, 2008년 글로벌 금융위기 이후에는 3%까지 하락하였다. 더욱이 하락추세가 멈추지 않아 2016~2020년에는 2%대 중반으로 급락하였다. 그리고 코로나19 기간을 포함한 2021~2023년 2.1%로 더 떨어졌고, 2024~2026년에는 2.0%까지 낮아질 것으로 추산하고 있다.

중장기적 전망도 밝지 않다. 현재 추세대로라면 잠재성장률은 2025~2029년 1.8%로 주저앉고, 2040년대부터는 0.6~0.7%로 0%대 진입이 불가피할 것으로 보인다. OECD가 발표한 잠재성장률 추세 자료에서도 우리나라의 잠재성장률은 2020년대에 1%대로 하락하고, 2030~2060년에는 0.8%까지 하락하는 것으로 나타났다. 잠재성장률 0.8%는 OECD 국가 가운데 캐나다와 함께 가장 낮은 수준이다.

경제성장의 단계를 보면 초기에는 성장률이 가파르나 어느 정도 궤도에 이르면 성장의 속도가 느려지는 것이 일반적이다. 그러나 문제는 우리의 경우 성장 둔화 속도가 너무 가파르다는 것이다. 우리나라는 2014년(국민계정 기준연도를 2015년→ 2020년으로 개편하면서 2017년에서 3년 앞당겨졌다) 1인당 국민소득 3만 달러를 달성하여 선진국 문턱에 들어섰다고 하나, 4만 달러 선을 넘어서는 온전한 선진국으로의 도약이 쉽지 않게 되었다. 오히려 경기 부진과 환율상승은 소득수준을 하락시킬 우려마저 없지 않다.

　이처럼 잠재성장률이 하락한 것은 총투자를 결정하는 요소들인 생산설비투자, 인적자본투자, 연구개발투자 모두가 축소된 데 기인한다. 즉 저출산·고령화 현상이 심화됨에 따라 생산가능인구와 경제활동인구가 감소하고 있다. 생산가능인구란 15~64세 인구를 가리키며 경제활동인구는 생산가능인구 중 생산활동에 참여할 의사가 있는 사람을 말한다. 여기에 인적자원의 질적 향상을 위한 투자 부진까지 가세하여 노동생산성이 하락하였다.

　또 자본수익률의 하락, 저축률의 하락 등에 따라 자본 투입이 감소하였다. 그리고 연구개발투자의 효율성, 제조업을 뒷받침하는 서비스산업의 질적 수준은 경쟁상대국보다 현저히 낮은 실정이다. 이와 함께 계층 간 및 산업 간 격차 확대로 인한 갈등구조의 심화도 산업 전반의 생산성과 경쟁력을 약화시키는 요인이 되고 있다.

　더욱이 우리 경제는 특정 품목과 시장에 대한 의존도가 너무 높은 구조적 취약성을 지니고 있다. 미국과 중국 시장에 대한 수출 의존도는 40%에 달한다. 또 반도체와 자동차가 전체 수출에서 차지하는 비중도 30~40%에 육박하고 있다. 이에 따라 이들 품목과 시장의 경기상황이 좋지 않으면 우리 경제는 곤두박질치게 된다. 실제로 반도체 경기가 꺾이면서 이러한 우려가 현실로 나타나기도 하였다.

## 낙후된 미래 성장동력

이처럼 성장잠재력이 쇠락하는 상황에서 우리는 미래를 담보해줄 마땅한 새로운 성장동력을 찾지 못하고 있다. 지금 세계 주요국들은 4차 산업혁명 시대의 핵심 먹거리로 인공지능(Artificial Intelligence), 바이오(Bio), 빅데이터(Big Data) 등의 신기술과 산업을 꼽고 있다. 그래서 이들 분야에 대한 선두경쟁이 치열하다. 특히 미국과 중국이 가장 적극적이다. 갈수록 격화되고 있는 양국 간의 패권전쟁이 이에서 비롯되었다고 해도 과언이 아니다. 반면 우리의 준비상태는 이제 막 걸음마를 뗀 수준에 불과하다. 특히, 4차 산업혁명 시대의 기반이 되는 빅데이터 산업은 개인정보 보호라는 규제에 묶여 한 발짝도 앞으로 나아가지 못하고 있다.

이러한 첨단기술들은 선점하는 것이 매우 중요하다. '빠른 추격자(fast follower)'가 아니라 '선도자(first mover)'가 되어야 한다. 그런데 우리는 선두주자인 미국에 비해 기술력이 2년 이상 뒤처져 있다. 또 우리가 앞서간다고 평가되는 분야가 전혀 눈에 띄지 않고 있다. 이러다가는 자칫 4차 산업혁명 시대의 후진국으로 전락하기 십상이다.

여기에 우리와 여러 면에서 경쟁 관계에 있는 중국이 '기술굴기(技術崛起)'를 앞세워 5G 이동통신과 반도체 등 우리의 텃밭을 빠르게 추격하고 있다. 이러한 구상은 중국이 2025년에는 세계 선진국 반열에 진입한다는 '중국 제조(中國製造) 2025'에 잘 반영되어 있다. 특히 우리가 중국에 대해 초격차(超格差)를 지니고 있다고 자부하는 반도체 기술마저도 중국이 우리의 고급 기술진을 빼내 가는 등 극단적인 수법까지 불사하고 있는 점을 감안할 때 사정은 녹록지가 않다.

## '고용 없는 성장' 심화

성장잠재력 하락과 더불어 우리 경제가 안고 있는 또 다른 심각한 문제점은 '고용 없는 성장' 현상이다. 갈수록 경제활동에 따른 고용창출 효과가 떨어지고 있다. 우리나라 고용탄성치는 1963~2022년 기간에는 평균 0.34에 달하였지만 갈수록 낮아져 최근에는 0.1~0.2 수준을 맴돌고 있다. 이는 성장률이 1% 증가할 때 고용은 0.1~0.2% 늘어났음을 의미한다. 이러한 추세는 로봇과 일자리를 경쟁해야 하는 4차 산업혁명 시대로 접어들면서 더욱 심화될 것으로 보인다.

이러한 고용 없는 성장의 원인은 무엇보다도 기술 발전에 따른 기계화와 장치시설의 확대에서 찾을 수 있다. 그러나 대기업과 수출 중심의 성장전략 또한 큰 요인이 되고 있다. 대기업과 수출기업은 중소기업과 내수기업에 비해 상대적으로 고용흡수력이 작다. 또 이들은 비용 절감을 통한 생산성 향상을 중시함에 따라 고용 창출에 소극적이다. 더욱이 신규 고용을 하더라도 인건비 절감을 위해 비정규직 채용에 방점을 두는 성향을 나타내고 있다.

이와 함께 다수의 기업들이 인건비 절감 등을 이유로 생산시설을 해외로 이전하는 현상도 고용을 위축시켰다. 초기에는 주로 중국으로의 공장 이전이 이루어지다가 점차 베트남·인도네시아 등 동남아 지역으로 이전하였다. 다만, 코로나 사태 이후의 글로벌 공급망 재편 과정에서 생산기지를 한국으로 U-Turn 시키는 '리쇼어링(reshoring)' 전략도 나타나고 있다.

# 02
# 1%대 저성장의 고착화

## 1%대로 주저앉은 경제성장률

우리 경제의 미래는 매우 비관적인 것으로 나타나고 있다. 다수의 경제 전문기관들이 내놓은 2025년도 우리나라 경제성장률 전망치는 2%가 채 되지 않는다. 2024년 말경 한국개발연구원(KDI)은 2.0%, 한국은행은 1.9%의 경제성장률 전망치를 내놓았다. 국제기구에서는 OECD 2.1%, IMF 2.0%를 각각 제시하였다.

더욱이 외국계 금융기관들은 이보다도 한층 더 비관적으로 내다보았다. 뱅크오브아메리카·씨티·골드만삭스·JP모건 등 글로벌 주요 IB(Investment Bank) 8곳이 제시한 2025년 우리나라 평균 성장률 전망치는 1.7%였다. 목표치에 가까운 전망치를 내놓는 정부에서조차도 비슷한 상황이다. 정부는 2024년 경제성장률을 2.1%로 추정하였고, 2025년 경제성장률은 이보다 더 낮은 1.8%로 전망하고 있다.

### 2025년 경제 전망

| 구분 | 2023 | 2024e | 2025f |
|---|---|---|---|
| 경제성장률(%)<br>(세계 경제성장률, %) | 1.4<br>(3.3) | 2.1<br>(3.2) | 1.8<br>(3.2) |
| 고용률(%, 15세 이상) | 62.6 | 62.7 | 62.8 |
| 소비자물가(%) | 3.6 | 2.3 | 1.8 |
| 경상수지(억 달러)<br>수출(증가율, %)<br>수입(증가율, %) | 355<br>-7.5<br>-12.1 | 900<br>8.1<br>-1.6 | 800<br>1.5<br>1.6 |

자료: 기획재정부

　그런데 2025년 2월로 접어들어서는 이마저도 더 낮추고 있다. 글로벌 IB 중에서도 가장 낮은 전망치를 내놓은 JP모건은 기존 전망치에서 0.1%포인트(p)를 더 낮춘 1.2%를 제시하였고, 씨티은행은 0.2%p 내린 1.4%로 내놓았다. KDI는 이보다 더 큰 폭으로 낮춰 1.6%로, 무려 0.4%p나 하향 조정하였다. 통상 갈등이 더 격화되거나 국내 정국 불안이 장기화되면 성장률은 1.6%에서 더 낮아질 수 있다고 경고하고 있다. 한국은행도 기준금리를 인하하면서 2025년 경제성장률 전망치를 1.9%에서 1.5%로 대폭 하향 조정하였다.

　이처럼 주요 전망기관에서 2025년 한국 경제에 대해 비관적인 전망치를 내놓은 사유로는 대내적으로는 정국 불안에 따른 경제심리 위축이, 대외적으로는 미국 트럼프 행정부의 고관세 정책 등 통상환경 악화가 지목되었다. 특히 12·3 비상계엄과 이어진 탄핵정국이 초래한 정치적 불확실성은 2024년 4/4분기와 2025년 한국 경제를 벼랑 끝으로 몰아넣고 있다.

한국은행과 KDI는 전망치를 수정하게 된 배경으로 내수 부진을 가장 중요한 이유로 들었다. 그리고 내수 불안을 초래한 가장 큰 요인으로는 윤석열 대통령의 비상계엄조치와 이어진 탄핵소추에 따른 정국 불안을 들었다. 이는 실질 국내총생산(GDP) 성장률을 0.2%p 깎아 먹는다고 밝혔다. 오랜 내수 침체 와중에 설상가상으로 12·3 비상계엄 여파가 겹치면서 건설·소비 등 내수가 직격탄을 맞게 된 것이다.

환율상승도 내수 부진을 부추기는 요인으로 작용한다고 진단하였다. 환율이 계속 상승하여 원화 가치가 하락하면 수입물가 상승으로 이어지고, 고물가는 소비 위축과 내수 침체로 연결되는 악순환의 고리에 빠질 가능성이 커진다. 실제로 내수와 밀접한 숙박·음식점업 등 주요 업종을 중심으로 소비자들이 지갑을 닫고 있고, 건설업은 벼랑 끝으로 내몰렸다. 또 식량과 식자재 등은 수입에 의존하는 품목이 많아 '밥상물가' 체감 상승이 빠르게 이뤄지면서 소비 위축과 내수 부진이 심화할 수 있다.

환율상승은 중소기업과 소상공인에게는 특히 치명적이다. 환율이 오르면 수출기업은 가격경쟁력이 높아져 수출이 증가할 수도 있지만,

국내 중소기업과 소상공인 중 수출업체는 고작 1.2%여서 수출 증가의 직접적인 수혜를 거의 보지 못한다. 오히려 환율상승은 수입물가를 올리고 소비 위축을 불러와 내수 기반의 중소기업과 소상공인의 매출은 감소하게 된다.

이와 함께 우리나라 경제성장을 견인하는 핵심동력인 수출이 위축되는 것도 성장률 하향 조정의 큰 요인이라고 보았다. 수출은 2024년에는 8%를 웃도는 높은 신장세를 보였으나 2025년에는 1%대로 대폭 줄어들 것으로 예상되고 있다. 이처럼 수출이 크게 둔화하는 요인으로는 미국의 보호무역 강화, 중국 경제의 부진, 반도체 경기사이클 하강 조정, 국제분쟁의 장기화 등 다양하다.

무엇보다 미국의 관세 전쟁이 우리나라 수출을 둔화시키는 가장 큰 요인으로 작용한다. 한국무역협회는 미국 트럼프 행정부가 중국, 캐나다, 멕시코 등 특정 국가를 넘어 보편관세로까지 확장할 경우 한국 수출은 연간 132억 4천만 달러 줄어들 수 있다고 전망하였다. 이는 지난해 한국 총수출의 1.9%에 이르는 금액이다. 또 산업연구원은 보편적 관세로 한국의 대미 수출이 8.4~14.0%(약 55억~93억 달러) 감소할 것으로 추산하였다. 이 여파로 GDP도 약 0.1~0.2%p 낮아질 것으로 전망했다. 더욱이 대외경제연구원(KIEP)은 우리 수출이 최대 연 448억 달러까지 줄어들 것으로 분석하였다.

이처럼 한국 경제가 1%대의 저성장률을 보인 것은 1981년 이후 4

번에 불과하다. 즉 1998년 외환위기 -5.1%, 글로벌 금융위기 시기인 2009년 0.8%, 코로나 팬데믹이 시작된 첫해인 2020년 -0.7%, 그리고 2023년 1.4% 등이다. 2024년에도 2.0%로 추정되면서, 2023년부터는 1%대 성장이 거의 고착화되는 모습을 나타내고 있다.

일각에서는 한국은 상승세가 정점을 찍고 내리막길을 타는 '피크 코리아(peak Korea)'의 덫에 걸렸다고 평가한다. 이에 일본처럼 '잃어버린 30년'에 빠지는 것은 아닌가 하는 위기감마저 감돌고 있다. 한마디로 한국 경제의 현실과 미래는 위기상황에 처해 있다는 것이다. 만약 당면한 어려움을 조기에 슬기롭게 극복하지 못한다면, 우리 경제는 국민소득이 오히려 줄어들면서 선진국 문턱에서 좌절하게 될 것이다.

## 1%대 경제성장률이 가지는 의미

그러면 1%대의 경제성장률이 가지는 의미는 무엇일까? 첫째, 수년 내 1인당 국민소득 4만 달러 시대를 열어나가기가 어렵게 되었다는 점이다. 더욱이 세계 경제 성장률을 밑돌고, 환율상승으로 달러 대비 원화의 가치마저 떨어지면서 1인당 국민소득 수준과 세계에서 차지하는 경제력 비중이 뒷걸음질 칠 우려마저 없지 않다. 이 경우 온전한 선진국으로 발돋움을 하지 못한 채 자칫 다시 중진국으로 미끄러질 우려가 없지 않다.

참고로 2023년 기준, 세계에서 1인당 국민소득이 높은 국가로는 1위 룩셈부르크(13만 1,384달러)→아일랜드(10만 6,059)→스위스(10만

5,669달러)→노르웨이(9만 4,660달러)→싱가포르(8만 8,447달러)→미국(8만 5,373달러) 순이다. 그리고 독일 54,291달러, 영국 51,075달러, 프랑스 47,359달러 등이다. 우리나라는 3만 4,165달러로 31위를 차지하였다.

둘째, 신규 노동인력의 일자리 수요를 감당하는데 턱없이 낮은 수준이다. 고용 사정이 지표상으로는 실업률이 2%대에서 안정되고 있는 것처럼 보인다. 그러나 실상을 들여다보면 그렇지가 않다. 양질의 좋은 일자리가 크게 부족한 편이다. 2024년 우리나라 총취업자 수는 2,858만 명인 가운데, 비경제활동인구 중 특별한 사유나 교육훈련 없이 노동시장에 참여하지 않는 '그냥 쉬었음' 인구가 247만 명에 달한다. 이들은 통계상으로는 실업자가 아니지만 사실상 실업자로 볼 수 있다.

더욱이 청년층의 고용상황은 오히려 악화하고 있다. 15~29세 청년층 취업자가 14만 명 이상 줄었고, 고용률도 0.4%p 떨어졌다. 주당 취업 시간이 36시간 미만이면서 추가 취업을 희망하는 청년의 수도 가파르게 증가하여 13만 명 이상에 달한다. 여기에 비정규직 비중이 높아 고용불안이 가중되고 있다. 이런 현상은 한마디로 좋은 일자리가 부족하다는 사실을 방증한다.

좋은 일자리 창출을 위해서는 당연히 기업의 투자가 늘어나도록 해야 하며, 경제성장률을 끌어올려야 한다. 그런데 최근 수년간 성장률은 1%대에서 맴돌고 있고, 이런 상황은 상당 기간 지속할 것으로 보인다. 더욱이 갈수록 기업들이 수익성 악화, 자금시장 경색 등으로 채용 규모 축소와 인력 구조조정에 나설 가능성이 커 고용사정은 더 어려워질 것으로 보인다. 물론 정부가 사회적 일자리를 늘리거나, 근로시간 단축을 통해 일자리를 늘릴 수도 있다. 그러나 이는 질 좋은 일자리가 아니기에 마지막 수단에 불과하다.

셋째, 서민들의 삶이 한층 더 어려워질 것으로 예견된다. 경기가 나빠지면 부유층보다도 서민들의 생활이 더 크게 타격을 받게 된다. 물가상승 추세가 이어지고, 부동산경기 부진과 증시 침체 국면이 계속될 경우 서민들의 삶은 갈수록 더 팍팍해지게 될 것이다. 그 결과 양극화와 사회갈등 현상도 한층 심화될 것으로 보인다.

# 03
# 물가 불안으로 고통받는
# 서민 생활

### 치솟는 체감물가

우리나라 국민은 '고물가' 상황에서 민생·경제의 어려움을 가장 많이 체감하는 것으로 나타났다. 한 여론조사 전문기관이 전국 만 18세 이상 남녀 1,000명에게 '가장 어려운 민생경제 항목'에 대해 질문한 결과 1순위는 고물가로 29.2%를 기록하였다.

이어 주택(24.8%), 일자리(24.3%), 고금리 및 가계 부채(20.4%), 기타(1.3%) 순이었다. 2024년 미국의 대통령 선거에서 트럼프가 승리한 요인 중의 하나도 바이든 행정부의 고물가를 집중적으로 파고들면서 민심을 낚아챈 것으로 평가되고 있다.

인플레이션(Inflation) 또는 물가상승은 한 국가의 재화와 용역 가격 등의 전반적인 가격이 지속해서 상승하는 경제 현상을 말한다. 이는 해당 국가의 통화가치 하락과 구매력 위축 현상을 초래한다. 그리고 국제무역에서 자국 상품의 가격경쟁력을 약화시켜 국제수지 악화와 경제성장을 둔화시키게 된다. 더욱이 물가는 '하방 경직성(下方硬直性)'이라는 특성이 있다.

이는 수요와 공급에 따라 가격이 결정된다는 경제원리와 관계없이 한 번 오른 가격은 원인 인자가 제거되더라도 잘 떨어지지 않는 이론이다. 실제로 한 번 오른 가격은 공급량이 늘어나도 오른 만큼 떨어지지 않는다. 가령 오를 땐 100원 오르고, 떨어질 땐 50원 떨어지는 식이다. 한 마디로 공산품이나 음식류는 가격이 잘 내려가지 않는다는 뜻이다. 이에 모든 국가는 물가안정 기조를 정착시키기 위한 정책적 노력을 쏟아붓는다.

이처럼 물가안정은 국민생활 안정과 적정한 경제성장을 위해서 매우 중요하다. 물가가 상승할 경우 소비자는 구매할 수 있는 상품이나 서비스의 양이 감소하여 소비생활에 압박을 받게 된다. 또 예금이나 채권 보유에 따르는 실질 비용 증가로 민간의 금융저축이 감소하여 투자자금 형성을 저해한다. 나아가 과도한 물가상승은 실물자산에 대한 투기로 이어져 건전한 투자자본 형성을 어렵게 한다. 그리고 기업으로서는 물가상승이 투입되는 원자재 가격 인상과 인건비 상승으로 인해 생산비의 원가를 높이는 요인으로 작용하게 된다.

최근 수년간 소비자물가 상승률은 2013년 1.3%로부터 시작하여 2020년까지는 0~1%대에서 안정되었다. 특히 2019년과 2020년은 각각 0.4%, 0.5%로 1% 이하에서 안정되었다. 그러나 2021년 2.5%, 2022년에는 5.1%, 2023년 3.6%의 고물가 흐름이 이어졌다. 2024년에는 2.3%로 다소 상승률이 둔화하기는 했지만, 여전히 물가안정 목표 2.0%를 웃돈다.

더욱이 소비자들이 피부로 느끼는 체감물가는 이보다 훨씬 높다. 실제로 체감물가에 가까운 생활물가지수 상승률은 2.7%를 기록하였다. 생활물가는 자주 구입하거나 소비지출 비중이 높아 가격 변동을 민감하게 느끼는 품목들, 그리고 자주 구입하지는 않지만 일상생활을 영위하는데 필수적인 144개 품목으로 구성되어 있다. 이들은 주로 식료품, 의류, 주거비와 교통비, 납입금 등이다. 특히 과일과 채소를 중심으로 구성된 신선식품 지수는 지난해보다 9.8% 뛰었다. 신선과실이 17.1%, 신선채소는 8.2% 각각 상승하였다. 신선과실 물가상승률은 2004년의

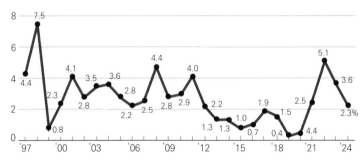

연도별 소비자물가 상승률 추이(%)

자료: 통계청

24.3% 이후 20년 만에 가장 높다.

## 산적해 있는 물가상승 요인

향후의 물가 전망도 우울하다. 한국은행은 2025년의 소비자물가 상승률을 지난해의 2.3%보다 낮은 1.9%로 전망하고 있다. 그러나 이는 비용 측면에서는 여러 가지 물가상승 요인이 있지만, 수요 측면에서 경기가 부진함에 따라 물가상승 요인을 상쇄하는 데 따른 것으로 풀이된다. 그만큼 경기 부진이 심각하다는 뜻이다.

산적해 있는 물가상승 요인으로는, 우선 러시아 - 우크라이나 전쟁과 이스라엘 - 하마스 전쟁이 장기화함에 따라 유가가 변동성을 키우면서 오름세를 나타내고 있다. 여기에 탄핵정국으로 접어든 국내 정치 상황과 트럼프 미국 대통령의 고관세 정책, 환율상승 등도 물가상승 압력 요인으로 연결될 개연성이 크다. 다소 진정은 되었지만, 여전히 달러당 1,450원을 넘나드는 고환율 추세는 수입 원자재 가격 상승으로 이어져 기업들의 생산 비용을 증가시키면서 물가상승 요인으로 작용한다. 특히 식음료 업계가 매우 큰 부담을 느끼고 있다. 밀가루·설탕·식용유 등 주요 원자재의 2/3 가량을 수입에 의존하고 있는 국내 현실에서, 환율상승이 제조원가를 빠르게 끌어올리는 상황이다. 밀가루의 자급률은 1%에 불과하다.

생산자물가지수(PPI)의 상승도 물가상승의 주요 요인 중 하나다. PPI는 소비자물가에 선행하는 지표로, 2024년 하반기부터 오름세를 나타내고 있다. 이는 기업들이 생산비 부담을 소비자 가격에 전가하고 있다는 것을 의미하며 2025년 들어 본격적으로 큰 영향을 미칠 수 있다. 여기에 그동안 물가에 부담을 주지 않기 위해 인상을 유보해왔던 각종 공공요금도 임계점에 도달해 있다.

이에 물가상승이 현실화되고 있다. 특히 서민들의 일상생활에 영향을 많이 끼치는 생필품과 프랜차이즈 제품의 가격들이 줄줄이 오르고 있다. 유통업계는 원재료 가격부터 인건비까지 크게 늘어 가격 인상이 불가피하다고 말하지만, 소비자들은 불안감을 지우지 못하고 있다. 요즘 물가가 많이 올라 점심값만 해도 1만 원이 훌쩍 넘는다. 식사 후 커피 한잔까지 더하면 2만 원 남짓한 비용이 지출된다.

자연히 외식 대신 '집밥족'이 증가하고, 도시락을 싸 들고 다니는 직장인이 늘어나고 있다. 그리고 소비자들은 가성비 있는 한 끼를 해결하고자 다양한 자구책을 실현 중이다. 그 결과 대형마트와 편의점으로 몰리면서 이곳의 매출이 껑충 뛰었다. 반면, 이러한 추세가 외식업계에는 악재로 작용하고 있다. 소비자들이 외식을 자제하고 지갑을 닫으면서 레스토랑, 카페, 음식점 등이 직격탄을 맞았다. 이에 최근 자영업자 폐업이 속출하고 있다.

## 물가상승에 미치지 못하는 임금상승률

물가는 서민생활을 안정적으로 영위해 나가는 데 있어 가장 중요한 전제 요건이 된다. 이는 소득이 일정한 상황에서 물가가 오르면 그만큼 실질소득이 줄어들어 가계수지에 주름살이 생기게 되기 때문이다. 실제로 이런 현상이 나타나고 있다. 직장인의 월급이 찔끔 오르는 동안 물가는 크게 오르면서 실질소득 증가율이 금융위기 이후 최대 폭의 마이너스를 기록하였다. 그 결과 체감 경기는 한층 더 얼어붙고 있다.

최근 집계된 2023년 귀속 1인당 평균 근로소득은 4,332만 원으로 1년 전보다 2.8% 늘어나는 데 그쳤다. 코로나19 대유행 기간인 2020년의 2.3% 이후 가장 낮은 증가율이다. 반면 소비자물가는 3.6% 올라 실질임금은 오히려 떨어졌다. 이에 2023년 근로소득과 소비자물가 상승률 차이가 -0.8%p를 기록하여 2022년 -0.4%p에 이어 2년 연속 마이너스를 나타냈다. 임금 상승률이 소비자물가 상승률을 밑돈 것은 2009년의 -2.0%p 이후 2022년이 처음이었고, 2023년에는 차이가 더 벌어졌다. 2024년에도 달라질 것이 없을 것으로 보인다.

한편, 근로자의 임금 상승률이 둔화한 것은 경기침체를 비롯해 기업들의 인건비 부담 증가, 고용시장 위축 등이 복합적으로 작용한 결과이다. 그런데 근로자의 실질소득이 계속 감소할 경우 소비 위축과 경기둔화가 가속화될 가능성이 크다. 기업이 임금상승을 억제하는 가운데, 고물가가 지속할 경우 가계 소비력이 줄어들고 내수시장 전반이 위축될 수 있기 때문이다.

물론 임금 상승은 양면성을 가진다. 노동계에서는 근로자의 생활 수준 향상과 소비 여력을 키우기 위해 더 과감한 임금인상을 주장하고 있다. 반면, 높아진 물가와 내수 부진 등 어려운 경제 환경 속에서 임금 인상이 고용시장에 부정적인 영향을 줄 수 있다. 임금에 부담을 느낀 기업과 자영업자는 직원을 줄이게 될 것이며, 이에 일용직 근로자들은 낮은 급여에도 불구하고 일자리를 찾기 어려운 상황에 놓일 수 있기 때문이다.

관건은 물가를 안정시키는 일이다. 그래야만 서민 생활을 안정시킬 수 있다. 나아가 우리의 가격경쟁력 강화를 통해 국제수지를 개선하고 경기의 진작도 가능하게 된다. 이에 따라 한국 경제는 '물가안정 – 국제수지 개선 – 경제성장률 제고'라는 선순환 구조를 정착시킬 수 있다.

# 04
# 감당하기 어렵게
# 늘어나는 빚

## '빚'의 경제적 의미

2008년에 시작된 미국의 금융위기와 유럽의 재정위기는 성격과 내용은 다르지만, 발생원인을 따져보면 한 가지 중요한 공통점이 발견된다. 두 위기 모두 '빚이 만든 재앙'이란 사실이다. 미국의 경우 탐욕에 빠진 투기꾼들이 과도한 '차입투자'를 하다 거품이 터지게 된 것이고, 남유럽 국가들은 분에 넘치는 '차입복지'를 즐기다 문제가 발생하게 된 것이다.

우리의 삶 속에는 빚의 함정이 곳곳에 도사리고 있다. 세상을 빚 없이 살아가기란 거의 불가능하기 때문이다. 살아가다 보면 어쩔 수 없이 빚을 지는 경우가 생긴다. 사실 빚은 경제생활을 해나가는 데 윤활유 구실을 하기도 한다. 돈을 빌려 투자할 자금을 만들고, 이를 기반으로 더 큰 수익을 가져오는 레버리지(leverage) 효과도 거둘 수 있다.

그러나 여전히 빚은 경계의 대상이다. 우리 옛 속담에도 '외상이면 황소도 잡아먹는다.'라는 말이 있다. 이는 빚을 내서 소비하는 행위에 대해서 경각심을 일깨우기 위한 것으로, 빚의 문제점을 아주 잘 나타내주는 말이다. 특히 꼭 필요하지도 않고 상환능력이 없는데도 불구하고 일단 쓰고 보자는 식으로 빚을 내는 것은 금물이다. 이는 개인의 삶속에서뿐만 아니라 기업과 국가 운영에서도 마찬가지이다.

국제결제은행(BIS)에 따르면 2023년 말 한국의 국가 총부채는 기업 2,734조 원, 가계 2,246조 원, 정부 1,053조 원 등을 합치면 6,033조 원으로 6천조 원을 넘어섰다. 국내총생산(GDP) 대비 총부채 비율은 269.8%로, 선진국 평균 264.3%를 5.5%p 웃돌았다. 이는 BIS 통계로 확인 가능한 주요 44개국 중 11위 수준이다. 5년 전에는 24위로 주요국 평균을 밑돌았지만, 거의 매해 부채 증가세가 계속되면서 이제는 선진국 평균마저 앞질렀다.

## 빠르게 증가하는 국가채무의 함정

우리나라의 국가채무는 2023년 결산 기준 전년 대비 59.4조 원 늘어난 1,126.8조 원으로 국내총생산(GDP) 대비 46.9%에 달하였다. 2024년에도 국가채무는 늘어나 지방정부를 제외한 중앙정부 채무 기준 1,165조 원에 이를 것으로 추측된다. 물론 아직까지는 우리나라 국가채무 문제는 상대적으로 여유가 있는 편이다. 독일, 영국, 프랑스 등의 GDP 대비 일반정부 부채비율은 60~90% 수준에 이른다. 특히 미국과 일본의 경우에는 각각 100%와 200%를 넘는다. 이 때문에 IMF나 OECD에서도 우리의 재정 상황은 양호하다고 평가하고 있다.

그러나 국가채무 증가세가 지나치게 가파른데 문제가 있다. 2003년 GDP 대비 19.1%에서 계속 높아지고 있으며, 지난 10년 동안의 증가 속도는 OECD 국가 중 최고이다. 더욱이 국민연금, 공무원연금, 군인연금, 사학연금 등 4대 공적연금을 비롯해 기초노령연금, 건강보험 등 인구 고령화 관련 비용 지출이 세계에서도 유례를 찾을 수 없는 빠른 속도를 나타내고 있다. 자연히 정부의 재정 부담이 커질 수밖에 없다.

국가채무의 질도 좋지가 않다. 국가채무는 금융성 채무와 적자성 채무로 나뉜다. 외환시장 안정용 국채, 국민주택기금 등 금융성 채무는 외화자산이나 대출금 등 대응자산을 보유한 채무이다. 따로 재원을 마련하지 않아도 융자금 회수, 자산 매각 등 자체 수단으로 빚을 갚을 수 있다. 그러나 일반회계 적자 보전용 국채나 공적자금 국채 전환 등의 적자성 채무는 금융성 채무와 달리 대응자산이 없다. 빚을 갚으려면 세금으로 재원을 마련해야 하여, 현 세대가 자식 세대에게 세금 부담을 떠넘긴다는 점에서 질 나쁜 채무이다. 2024년 기준 적자성 채무는 795조 원으로 전체의 60%를 넘는다.

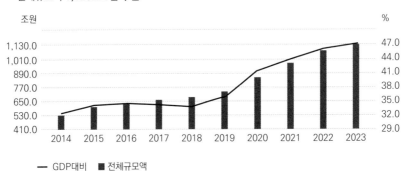

**국가채무의 변동 추이**

GDP대비 **46.9%** '23
전체규모액 **1,126조 8천억 원** '23

자료 : 기획재정부, 통계청

　우리의 국가재정 상황도 결코 녹록지 않다. 복지 확대로 재정 지출 수요는 급증하고 있는 데 반해, 재정수입은 고령화로 인해 둔화될 것이 뻔해 국가채무는 급속히 증가할 것이다. 더욱이 최근 탄핵정국으로 경기가 나빠지면서 큰 규모의 추경이 편성될 것으로 보인다.

　정부는 GDP 대비 부채비율 관리를 위해 2022년부터 2024년까지 3년간 국고채 발행 규모를 연간 160조 원 내외로 억제해왔다. 하지만 세수 결손이 지속되면서 2025년에는 국고채 발행 규모를 197조 6천억 원으로 확대할 계획이다. 여기에 경기부양을 위한 추가경정예산이 편성되고, 외환시장 안정을 위한 최대 20조 원 규모의 외국환평형기금 채권(외평채) 발행이 추가되면 국고채 발행 규모는 계획보다 늘어나게 된다. 이 경우 GDP 대비 국가채무비율도 상승하여 50%에 근접할 수 있다.

　문제는 국채 발행이 급증하면 공급 증가로 국채 가격이 하락하고, 금리가 상승할 수 있다는 점이다. 이 경우 정부의 이자 부담이 늘어나고, 시중 금리도 영향을 받으면서 기업 등 민간의 자금 조달 어려움이 커질 수 있다. 민간에서 발행하는 회사채로 들어갈 자금이 초우량물인 국채로 쏠리는 현상이 나타날 수도 있기 때문이다. 더욱이 국가신용등급 하락 우려마저도 제기되고 있다.

　나랏빚 증가로 GDP 대비 부채 비율이 50%에 근접하게 되면 글로벌 신용평가사들은 한국의 국가신용등급에 대한 고민을 할 것이다. 실제로도 이들은 정치 불확실성이 이어지고 국가재정 상황이 악화하면 신용등급을 하향 조정하겠다는 경고성 발언을 내놓고 있다. 이렇게 되면 결국 우리나라 금융기관과 기업들의 해외 조달금리가 상승하면서 금리 부담이 커지고, 국가 브랜드도 하락하게 된다.

## 선진국 최상위권의 가계부채 증가 속도

　이처럼 우리의 나라 빚 문제가 매우 어려운 상황에 있지만, 개인 빚 즉 가계부채 문제는 한층 더 심각하다. 우리나라 가계부채는 2024년 말 기준 1,927조 3천억 원으로, 전년보다 41조 8천억 원이나 늘어나며 역대 최대치를 경신했다. GDP 대비 가계부채 비율은 90.5%에 달했다. 물론 이 비율이 조금씩 낮아지고는 있다. 2021년 3분기 역사상 최고치인 99.2%로 치솟았다가 2022년 말 97.3%로 낮아진 뒤 2023

년 말 93.6%에 이어 2024년에는 90.5%까지 낮아졌다. 그러나 이 비율이 우리보다 높은 나라는 스위스, 호주, 캐나다, 네덜란드 등 4개국뿐이다.

더욱이 가계부채 증가 속도는 여전히 선진국 중 최상위권에 속하는 것으로 나타났다. 한국의 최근 5년간 연평균 가계부채 증가율은 1.5%로, 선진국 중 홍콩 5.5%에 이어 두 번째로 높은 수준이다. 우리보다 GDP 대비 가계부채 비율이 높은 스위스 0.5%, 호주 -2.4%, 캐나다 -0.3%, 네덜란드 -4.1% 등에 비해 한국이 월등히 높았다.

그런데 이러한 속도로 앞으로도 가계부채가 계속 늘어나게 되면 또 다른 경제 위기가 초래될 우려가 없지 않다. 1997년 우리나라가 겪은 경제 위기는 결국 빚이 과도하여 특히 기업의 빚이 너무 많아서 발생하였다. 그리고 2008년 미국에서 일어난 금융위기는 바로 이 가계부채, 그중에서도 과도한 주택담보대출의 거품이 터지면서 발생한 것으로 지금 우리가 겪고 있는 어려움과 유사한 점이 너무나 많다. 우리가 가계부채 문제를 걱정하는 이유가 바로 여기에 있다.

최근 환율상승과 정국 불안 등으로 겪고 있는 소상공인과 자영업자 등 취약계층의 애로를 완화하기 위해 유동성 공급을 늘려나가게 되면 가계부채 규모는 더 커지게 된다. 문제는 가계부채가 커지면 소비가 늘어나는 것이 아니라 오히려 제약하는 구조적 요인으로 작용할 수 있다. 이 경우 가계부채 증대 → 소비지출 감소 → 성장 둔화로 이어지는 악순환에 빠지게 된다.

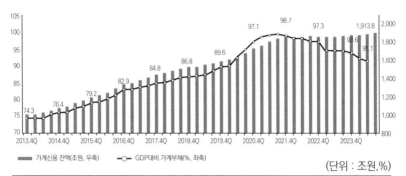

**가계부채 규모 및 GDP 대비 비율(조 원, %)**

■ 가계신용 잔액(조원, 우축)    ─○─ GDP대비 가계부채(%, 좌축)

(단위 : 조원,%)

| 구분 | 14말 | 15말 | 16말 | 17말 | 18말 | 19말 | 20말 | 21말 | 22말 | 23말 | 24.1Q | 24.2Q | 24.3Q |
|---|---|---|---|---|---|---|---|---|---|---|---|---|---|
| 가계부채/GDP 비율 | 76.4 | 79.2 | 82.9 | 84.8 | 86.8 | 89.6 | 97.1 | 98.7 | 97.3 | 93.6 | 92.1 | 91.1 | 90.8 |

자료 : 기획재정부, 한국은행

　이제 가계부채 규모를 적정수준으로 관리하는 방안을 찾아야 할 때이다. 우선 무엇보다도 빚을 내는 사람들이 스스로 빚에 대한 경각심을 가짐으로써 꼭 필요한 경우에만 자금을 융통하도록 해야 한다는 점이 중요하다. 소위 말하는 영혼까지 끌어다 투자한다는 '영끌'식 투자 행위는 지양해야 하며 빚을 갚을 수 있는 능력도 꼼꼼히 따져보아야 한다.

　또한, 금융기관도 주택담보대출 규모를 줄이려는 노력을 강화해야 한다. 이를 위해 '스트레스 DSR' 3단계 시행계획을 차질없이 추진해야 한다. 그동안 가계부채가 늘어난 주원인은 금융기관들이 저금리 기조에 따라 수익이 줄어들게 되자, 이를 만회하기 위하여 부동산 담보 대출을 크게 늘린 데 기인한다. 이에 빚을 갚을 능력이 없음에도 불구하고 대출을 일으켜 부동산 투기를 일삼는 경우가 허다히 발생하게 되었다. 소위 말하는 '영끌족'도 마찬가지이다.

이 문제를 개선하기 위하여 정부가 새로 도입한 제도가 '스트레스 DSR'이다. 총부채원리금상환비율을 뜻하는 'DSR(Debt Service Ratio)'은 대출을 받으려는 사람의 소득 대비 전체 금융부채의 원리금 상환액 비율이다. 또 '스트레스(stress) DSR'은 미래의 금리 위험을 반영하여 DSR 한도를 산정할 때 가산금리를 부과하는 제도이다. 변동금리 대출을 이용하는 차주가 부채 상환 능력을 평가하고, 금리 상승에 따른 리스크를 스스로 관리할 수 있도록 돕기 위해 도입되었다. 2025년 시행 예정인 3단계 스트레스 DSR로 인해 차주들의 대출 한도가 기존보다 6~16% 줄어드는 것으로 알려졌다.

이러한 금융정책도 가계부채를 줄여나가는 데 매우 중요할 것이다. 그러나 무엇보다 중요한 것은 부동산 정책이 경기부양을 위한 수단으로 활용되어서는 안 되며 주거안정 시책으로 시행되어야 한다는 점이다. 아울러 부동산 투기심리 억제를 위한 최소한의 안전장치는 반드시 유지해 나갈 필요가 있다고 여겨진다.

## 기업부채도 안심하기 어렵다

이처럼 가계와 국가부채가 위험 수위에 이르고 있는 데 비해 기업들의 빚 상태는 그나마 나은 편이다. 이는 1997년 외환위기 이후 기업들의 체질 개선을 위한 강력한 구조조정이 이루어진 덕분이다. 당시 우리 기업들의 부채비율은 500~600% 수준에 달했다. 그 결과 외환위기라는 외부 충격을 받게 되자 기업들은 추풍낙엽처럼 줄줄이 도산하게 된 것이다.

이후 혹독한 구조조정을 거쳐 외형 키우기 경쟁에서 탈피하고 수익성 위주의 내실 경영에 역점을 두고 경영을 해온 결과 대기업들의 부채비율은 한때 100% 이하로까지 떨어졌다. 그러나 코로나 팬데믹 이후 경기부진이 이어지면서 부채비율이 점차 높아지는 추세를 나타내고 있다. 2024년 9월 말의 대기업집단 상장사 부채비율은 149.4%로, 1년 전보다 3.1%p 높아졌다.

더욱이 영업이익으로 대출이자를 못 내는 한계기업이 급증하고 있다. 한국경제인협회의 '주요국 상장사의 한계기업 추이 분석'에 따르면, 2024년 3분기 기준 우리나라의 한계기업은 전체 상장사 2,260개 중 440개로 나타났다. 비중은 19.5%로, 상장기업 5개 중 하나는 한계기업인 셈이다. '한계기업'은 3년 연속으로 이자보상배율(영업이익/이자비용)이 1 미만인 기업으로, '좀비기업(zombie companies)'이라고도 한다. 또 당해 연도의 이자보상배율이 1 미만인 '일시적 한계기업'도 36.4%의 비중을 보였다.

우리나라의 한계기업 비중과 증가 속도는 비교 대상 5개국 중 미국에 이어 두 번째였다. 이처럼 주요국보다 상대적으로 빠르게 증가한 사유는 경기 부진으로 버는 돈은 줄어드는데, 고금리로 이자 부담은 커지는 상황 탓이다. 기업체의 평균 영업이익 증가율이 2021년에는 전년 대비 60.1% 늘었지만, 2022년에는 11.2%, 2023년에는 31.4% 각각 감소했다. 반면, 2021년 0.5% 줄었던 이자 부담은 2022년 29.0%, 2023년 38.4%로 대폭 늘어났다.

그런데 좀비기업이 많아지게 되면 결국 국가 경제가 망가지게 된다. 도움이 꼭 필요한 기업에 가야 할 지원금을 가로채기 때문이다. 좀비기업은 빚 갚기도 버거우니 투자와 인건비를 줄일 수밖에 없으니 우수한 인재는 떠나가고 경쟁력도 계속 떨어져서 실적이 악화되는 악순환의 고리에 빠지게 된다. 결국 사회적 비용이 늘어나게 되어 국민 세금만 축내게 되는 셈이다.

### 주요국 상장사 한계기업 비중

| | 2016 | 2017 | 2018 | 2019 | 2020 | 2021 | 2022 | 2023 | 2024 3분기 |
|---|---|---|---|---|---|---|---|---|---|
| 한국 | 7.2% | 7.4% | 9.5% | 11.9% | 13.0% | 14.1% | 16.3% | 17.2% | 19.5% |
| 미국 | 9.2% | 11.1% | 12.0% | 13.3% | 16.3% | 21.1% | 22.6% | 23.7% | 25.0% |
| 독일 | 17.1% | 14.6% | 14.6% | 18.7% | 26.8% | 27.6% | 30.1% | 23.6% | 18.7% |
| 일본 | 1.7% | 1.4% | 1.7% | 2.2% | 2.7% | 3.4% | 5.5% | 3.5% | 4.0% |
| 영국 | 6.7% | 5.6% | 4.6% | 4.6% | 6.7% | 9.2% | 11.1% | 11.7% | 13.6% |

자료 : 한국경제인협회

# 05
# 1대 99의 사회
# - 빈부 격차 확대

## 20대 80 사회에서 1대 99의 사회로

인간을 비롯한 모든 동물의 사회는 '20대 80의 법칙'으로 움직인다고 한다. 사회의 상위 20%가 나머지 80%를 움직여 나간다는 것이다. 이는 실험을 통해 밝혀진 자연의 법칙이다. 이 '20대 80' 법칙은 소득 분포에도 적용되고 있다. 전체 인구 중 20%가 전체 부의 80%를 차지하고 있다는 이론이다. 이탈리아 경제학자 빌프레도 파레토(Vilfredo Pareto)가 19세기 영국의 부와 소득 유형을 연구하던 중에 발견한 부의 불균형 현상이다.

이후 '20대 80의 법칙'은 1997년 한스 피터 마르틴과 하랄드 슈만이 쓴 『세계화의 덫』이라는 책을 통하여 세간에 널리 알려졌다. 이 이론에 따르면, 세계화 시대에서는 전 세계 인구 중 20%만이 좋은 일자리를 가지고 안정적인 생활을 유지하는 반면, 대다수인 나머지 80%는 사실상 20%에 의지하여 살아가야 한다. 즉 빈곤층 80%와 부유층 20%로 사회가 양분된다는 설명이다. 경쟁을 기본원리로 하는 자본주의 사회에서는 빈부 격차가 생겨나기 마련이다. 문제는 갈수록 그 격차가 확대되면서 여러 가지 심각한 사회병리 현상을 일으키고 있다는 것이다.

　자본주의에서 자본은 가장 중요한 자원이다. 자본은 자본 자체를 더 크게 확대 재생산시키는 능력을 지니고 있다. 일정한 자본이 있으면 이것을 담보나 기반으로 하여 더 큰 자본으로 키울 수 있다. 또한, 자본이 있으면 다른 생산요소인 노동과 기술을 수월하게 얻을 수 있을 뿐 아니라 우수한 수준의 노동력과 기술력을 확보하는 것이 가능하다. 한마디로 자본주의의 속성은 돈이 돈을 벌게 한다는 것이다.

　문제는 이러한 자본력의 확보가 대부분 부의 대물림 속에서 이루어지면서 가장 큰 진입장벽이 되고 있다는 것이다. 이제 자본력이 취약한 사람들은 신용의 기반이 부족하기에 정상적인 사회생활조차 하기 힘들게 되어가고 있다. 이는 기본적으로 우리 경제사회가 자본주의 사회이고 신용사회이기 때문이다. 더욱이나 지식과 정보가 곧 돈인 지식 정보 시대인 지금은 그로 인해 빈부 격차가 한층 더 커지고 있다.

　이러한 상황 속에서 '빈익빈 부익부(貧益貧 富益富)' 현상이 심화되어

가고 있다. 이런 현상을 두고 우리 경제사회가 '20대 80'의 사회를 넘어 '1대 99'의 사회로 변해가고 있다는 탄식이 나온다. '20대 80'의 사회에서는 그래도 하위그룹이 희망을 지닐 수가 있었다. 하위그룹이 노력하면 상위그룹으로 치고 올라갈 수 있기 때문이다. 그러나 1대 99의 사회에서 하위그룹이 상위그룹으로 진입할 가능성은 거의 없다. 이에 우리 사회에는 한번 흙수저로 태어나면 은수저나 금수저로 신분이 상승하는 것은 불가능하다는 좌절감과 패배의식이 팽배해 있다. 이는 결국 우리 경제사회의 통합성을 저해하고 불안정을 확산시키는 결과를 초래한다.

## 우리나라 분배구조 실상

우리나라 분배구조의 불평등 현상은 정부의 다양한 취약계층 지원 노력에도 불구하고 별반 개선되지 못하고 있다. 더욱이 최근 탄핵정국, 환율상승, 가계부채 증대 등 정치 경제적 불안요인이 발생하면서 오히려 더 악화되는 측면도 나타나고 있다. 이유인즉 이러한 정치 경제적 불확실성이 커질 때는 자영업자와 중소기업, 그리고 서민층이 더 큰 타격을 입게 되는 까닭이다.

2023년 지니계수가 불평등하다고 평가되는 수치인 0.323에 이르고 있다. 더욱이 이는 처분가능소득 기준이며 세전 시장소득 기준으로는 0.392까지 치솟는다. 지니계수란 0과 1 사이의 수치로 숫자가 높아질수록 소득불평등도가 높다는 것을 의미하여 0.3을 상회하면 불평등,

0.4를 넘으면 매우 불평등하다고 간주하고 있다.

또 소득 상위 20%인 5분위와 하위 20%인 1분위 간의 소득 격차를 보여주는 5분위 배율도 2023년 5.72를 나타내었다. 이는 최상위 20% 계층의 소득이 최하위 20% 계층보다 거의 6배 가까이 많다는 것을 뜻한다. 이와 함께 2023년 기준 소득 상위 10%와 하위 10% 가구 간 소득 격차가 처음으로 2억 원을 넘어선 것으로 나타났다. 즉 상위 10% 가구의 연평균 소득은 2억1,051만 원인 반면, 하위 10%의 소득은 1,019만 원에 불과하였다. 더욱이 두 계층 간 자산 격차는 이보다 훨씬 더 커 15억 원에 이르렀다.

그리고 처분가능소득의 중위소득 50% 이하에 속한 인구를 전체 인구수로 나눈 비율인 상대적 빈곤율은 14.9%였다. 이는 2023년 중위소득 50% 이하를 가르는 기준인 빈곤선은 1,879만 원으로, 이 범위에 속한 인구를 전체 인구로 나눈 비율이 14.9%라는 의미다. 이와 함

## 소득 격차의 추이 지표

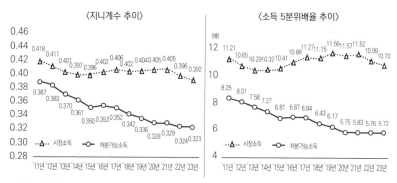

자료 : 통계청

께 노동자들 간의 보수 격차도 커지고 있는 것으로 나타났다. 정규직과 비정규직 노동자 간 월평균 임금 격차는 2017년 약 130만 원에서 2023년 약 170만 원으로 커졌으며, 대기업 종사자와 중소기업 종사자 간 월평균 임금 격차는 같은 기간 약 230만 원에서 290만 원으로 증대하였다.

## 갈수록 줄어드는 중산층 비중

더욱이 이러한 공식지표들과 달리 현실적으로 느끼는 양극화에 대한 체감지표는 한층 더 심각한 상황이다. 날이 갈수록 중산층의 비중이 취약해지고 있다. 이는 경제 부진으로 인한 일자리 부족, 부동산 가격 폭등, 인공지능 기술 발전 등으로 양극화가 심화하고 있기 때문이다. 스스로를 중산층으로 여기는 비율도 떨어지고 있다.

'중산층'의 개념은 다소 모호하지만, OECD에서는 중위소득의 75~200%에 해당하는 계층을 의미한다. 중위소득은 모든 사람을 소득순서로 세웠을 때 정중앙에 위치한 사람의 소득을 의미한다. 사람으로 치면 허리에 해당하는 부분이다. 우리나라의 2024년 1인 가구 기준 중위소득은 월 2,228,445원이다. 따라서 OECD 기준에 따르면 1인 가구 기준 대한민국 중산층은 월 167만 원~446만 원 정도까지가 해당한다. 이 기준에 의한 우리나라 중산층의 비중은 대략 국민 전체의 60~65% 수준에 이르고 있다.

그러나 통계청이 발표한 '한국의 사회동향' 자료에 따르면 "나는 중간층"이라고 답한 비율이 1994년에는 60.8%였으나, 2015년에는 53%로 떨어졌다. 반면에 스스로를 하층이라고 답한 비율은 37.9%에서 44.6%로 늘었다. 한국개발연구원(KDI)이 2024년 발표한 '한국의 중산층은 누구인가' 보고서에서도 중산층 비율은 2021년 시장소득 기준 50.7%, 처분가능소득 기준 57.8%에 불과하였다.

또 2022년 NH투자증권에서는 중산층의 실제 모습과 중산층이 생각하는 이상적인 모습과의 괴리를 알아보는 설문 조사를 하였다. 이에 의하면, 응답자들이 대체로 4인 가구 기준 월 소득이 686만 원, 월 소비 427만 원, 순자산 9억 4,000만 원은 되어야 중산층이라고 생각하는 것으로 나타났다. 그런데 이는 실제로는 각각 상위 24%, 9.4%, 11% 수준이다. 그리고 중산층 기준에 해당하는 응답자의 절반에 가까운 45.6%는 자신이 하위층에 속한다고 답했다. 특히 30대(44%), 미혼(31.2%), 1인 가구(23.8%) 중산층이 자신을 중산층으로 인식하는 비율이 낮았다.

이처럼 실제로 체감하는 불평등도가 더 큰 이유는 여러 가지가 있겠지만 가장 중요한 것은 이러한 중산층 지표들이 단지 소득만을 기준으로 삼고 있기 때문이다. 즉 중산층 지표를 구할 때 한 가구의 소득 이외에 부동산·금융상품 등 자산은 제외된다. 그 결과 자산의 보유 상황이 제대로 반영되지 못하고 있다.

이는 우리나라의 부자들은 대부분 부동산 위주로 재산을 형성하고 있다는 점을 감안하면 쉽게 이해가 될 것이다. 실제로 상위 10%와 하위 10% 가구가 소유한 집값의 격차는 최대 40배를 웃도는 것으로 조사됐다. 통계청 자료에 따르면 자산 가액 기준 상위 10% 가구의 평균 주택 가액은 12억 5,500만 원으로, 하위 10% 평균 주택 자산 가액 3천100만 원의 40.5배 수준이었다.

## 더 어려워진 소득계층 간 이동

소득계층 간 이동은 한층 더 어려워지고 있는 것으로 나타났다. 통계청 조사에 의하면 2022년 소득분위가 전년과 비교하여 올라가거나 내려간 사람 비율을 뜻하는 소득 이동성은 34.9%였다. 나머지 65.1%는 전년과 같은 소득분위에 머물렀다. 특히 소득이 늘어 계층이 상승한 국민은 10명 중 2명도 채 되지 않는 것으로 나타났다. 소득분위 이동성은 2020년 35.8%, 2021년 35.0%에서 2년째 하락하였다. 그만큼 사회 이동성이 줄고 있는 것으로 해석된다.

더욱이 고소득자와 빈곤층일수록 분위 유지 비율은 높은 것으로 나타났다. 이는 신분이 고착화되고 있음을 뜻한다. 2022년 소득분위별로 유지 비율을 보면 고소득자인 5분위가 86.0%로 가장 높았다. 2021년 5분위였던 사람 10명 중 약 9명이 이듬해에도 소득계층 하락 없이 5분위 지위를 유지했다는 뜻이다. 5분위의 소득분위 유지 비율이 높은 것은 그만큼 다른 분위에 비해 진입이 어렵고 일단 진입에 성공하면 쉽게 하위 계층으로 떨어지는 경우가 적기 때문이다.

그리고 빈곤층인 1분위의 소득분위 유지 비율은 69.1%로 5분위에 이어 두 번째로 높았다. 빈곤층인 하위 20%에 속하는 사람 10명 중 7명이 이듬해에도 가난에서 벗어나지 못하고 같은 계층에 머물렀다는 뜻이다.

앞으로의 인공지능 시대에는 소득 불평등과 양극화 현상이 한층 더 심화할 것으로 보인다. 1990년대부터 시작된 인터넷과 정보기술 혁명 당시 이 기술을 제대로 활용한 계층은 소득이 늘어난 반면, 디지털 문맹은 그렇지 못했다. 이를 두고 우리는 '디지털 디바이드(digital divide)' 현상이라고 불렀다. 그런데 이제는 인공지능 활용도에 따라 빈부 격차가 심화되는 '인공지능 디바이드(AI divide)' 현상이 나타날 것이라는 주장이 제기되고 있다.

이처럼 우리 사회에서 계층 간 진입장벽은 날이 갈수록 더욱 높아만 가고, '개천에서 용 나는 사회'는 더이상 존재할 수 없게 변하고 있다. 자본주의 사회에서 어느 정도의 빈부 격차는 불가피한 측면이 있다. 그러나 우리가 당면하고 있는 심각한 부의 양극화 현상은 사회를 제대로 굴러가지 못하게 위협할 소지가 크다. 더욱이 부의 축적과 지출 행태의 정당성과 합리성이 부족할 경우 사회적 갈등과 대립을 한층 더 심화시키게 된다. 결국 우리 경제사회는 발전이 가로막히고 나아가 체제 유지의 불안정성마저 더 커질 것이다.

# 06

# '코리아 디스카운트'
# – 한파 속의 한국 증시

## 1년 동안 250조 원 넘게 증발한 국내 증시

2024년의 국내 증시는 엄동설한의 한파를 겪었다. 정부가 연초부터 추진한 기업가치 제고 밸류업(Value-up) 프로그램과 4년 5개월 만의 기준금리 인하에도 국내 투자환경은 녹록지 못했다. 2024년 말 종가 기준 코스피(KOSPI)의 시가 총액은 1,963조 3,328억 원, 코스닥(KOSDAQ)의 시가 총액은 340조 1,450억 원으로 집계됐다. 2023년 말 코스피 시총이 2,126조 3,720억 원, 코스닥 시총이 429조 3,910억 원이었던 것과 비교하면 1년 동안 국내 증시에서 약 250조 원 넘게 증발한 셈이다.

한국 증시의 침체 상황은 주요 선진국 시장과 비교해보면 훨씬 더 심각하게 다가온다. 2024년 수익률을 집계한 결과 코스피는 -9.63%, 코스닥은 -21.64%로 나타났다. 반면, 미국은 기술주 중심인 나스닥(Nasdaq)은 28.64%, 다우존스(Dow Jones) 12.88%를 각각 기록하였다. 중국 상하이 종합 12.67%, 일본 닛케이 19.22%, 대만 자취안 28.47% 등 모두 두 자릿수대 상승률을 보였다.

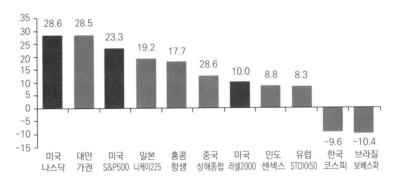

**2024년 주요국의 주식 수익률(%)**

자료 : bloomberg, 메리츠증권 리서치센터

이처럼 2024년 한국 증시가 침체에 빠졌던 이유는 다양하다. 우선, 대장주인 삼성전자가 휘청인 충격이 컸다. 삼성전자 주가는 한때 1주당 10만 원까지 상승할 것으로 기대되었으나, 실제로는 5만 원대로 반토막 났다. 이에 2023년 말 468조 6,279억 원이었던 삼성전자 시가총액은 2024년 말 317조 5,924억 원으로 내려앉으며, 1년 새 약 148조 원이 증발하였다. 2024년 하반기 내내 이어졌던 미국 대선 불확실성과 트럼프 전 대통령의 재집권 소식은 충격을 더하였다. 트럼프 2기 행정부의 정책 불확실성이 커지며 주가 하방 요인으로 작용하였다. 금융위기 이후 최고치를 경신한 환율도 투자 부담 요인으로 작용하였다. 11월 5일 미국 대선일부터 트럼프 당선이 확정된 11월 13일까지 코스피 지수는 6.2% 빠졌다.

여기에 12월 3일부터 벌어진 계엄사태의 충격도 가세하였다. 윤석열 대통령이 2024년 12월 3일, 비상계엄을 선포한 뒤 우리 자본시장에서 해외 투자자금이 대량으로 빠져나갔다. 탄핵소추안이 국회에서 부결된 뒤 첫 개장을 맞은 12월 9일의 코스피 지수는 전 거래일 대비 61.06p(2.51%) 하락하였다. 코스닥 지수 역시 31.68p(4.79%) 떨어지며, 2020년 4월 24일 이후 처음으로 630선이 무너졌다. 정치 불확실성이 커지면서 투자심리가 급속도로 얼어붙은 데 따른 것이다.

외국인 투자자의 국고채 보유액도 2024년 12월에 약 3조 원 감소한 것으로 나타났다. 선행지표 격인 선물시장에서 외국인 투자자들이 한국 국채를 15조 8,949억 원어치 순매도했기 때문이다. 우리 국채는 세계 3대 채권지수인 세계국채지수(WGBI) 편입이 예고되면서 외국 자본이 꾸준히 유입되었지만, 비상계엄 사태 이후 국채시장의 우호적 흐름에 급제동이 걸린 것이다.


물론 2025년 들어서는 한국 증시가 다소 회복되는 모습을 나타내고 있다. 그러나 이는 지난 수년간 낙폭이 워낙 컸던 데 대한 상대적인 반등, 즉 기저효과(基底效果, base effect)에 의한 것이 주요인으로, 앞으로도 상승세가 지속될 지는 장담할 수가 없다. 이는 외국인 투자자들의 우리 증시 이탈 현상이 여전히 이어지고 있는 점에서 엿볼 수 있다. 또 주식시장의 밑바탕이 되는 실물경제에 대한 전망이 갈수록 악화되고 있기 때문이다.

## 동학개미 vs 서학개미

미국 주식에 투자하는 국내 투자자들을 일컫는 '서학개미'라는 신조어는 2020~2021년께 탄생하였다. 코로나19로 코스피가 폭락한 이후 저점매수에 나선 개인 투자자들을 필두로 '동학개미운동'이 일어났다. 이에 빗대 테슬라, 아마존 등 미국 빅테크 주식에 투자하는 '서학개미'들이 주식 커뮤니티와 각종 미디어에 등장하였다. 이후 2022년부터 '서학개미'가 늘어나기 시작하여 2024년에는 폭발적으로 늘어났다.

2024년 국내 투자자들의 미국 주식 거래량은 1,215만 건으로 작년보다 18.6% 늘었고, 거래대금은 4,997억 달러로 작년 대비 82.9% 폭증했다. 미국 주식 보유량도 크게 늘었다. 한국예탁결제원에 따르면 2024년 말 국내 투자자들의 미국 주식 보유액은 2023년 대비 거의 2배에 달하는 1,120억 5,556만 달러, 약 175조 원으로 나타났다. 2022년 442억 2,871만 달러, 2023년 680억 2,349만 달러를 기록하였다. 이런 추세는 2025년 들어서도 계속 이어지고 있다.

이처럼 국내 투자자들이 국내 시장에 등을 돌린 채 미국 주식에 열중하는 이유는 다양하다. 한국 경제에 대한 전망이 비관적인 데다, 기업들의 주주가치 훼손 사례가 잇따른 점도 한몫하였다. 그러나 가장 중요한 사유는 국내 증시 성과가 주요국 가운데 가장 부진하기 때문이다. 2023년 말 한국 주식시장 시가 총액은 2,558조 원으로 주요국 중 13위 수준이었다. GDP 대비 시가 총액도 116.2%로 주식시장이 실물 경제를 웃도는 수준까지 성장하였다. 상장기업 수도 2,558개로 미국, 중국, 인도, 일본, 캐나다, 홍콩에 이어 주요국 중 7위 수준이었다.

그러나 이러한 양적 성장과 다르게 주가 수준은 기업의 낮은 자본 효율성 등으로 주요국 대비 낮은 상황이다. 지난 10년간 한국 주식시장 자기자본이익률(ROE, return on equity)은 8.0%로, 신흥국 평균 11.1%, 선진국 평균 11.6%보다 낮다. 배당 성향도 26.0%로, 신흥국 39.6%와 선진국 49.5%에 한참 못 미친다.

## '코리아 디스카운트(Korea Discount)'의 실체

증권업계의 자료에 의하면 한국·미국·일본·대만 4개국 시총 상위 10개사의 2020년 말부터 2024년 11월 말까지 4년간의 시총 및 실적을 조사한 결과, 한국 기업들만이 악화한 것으로 나타났다. 2024년 11월 말 국내 상위 10개사의 시총은 735조 4,202억 원으로, 2020년 말 842조 8,808억 원과 비교하면 12.7% 감소하였다. 반면 같은 기간 미국·일본·대만의 시총 상위 10개 기업은 모두 큰 폭의 증가세를 보였다. 미국은 9조 2,749억 달러에서 19조 1,891억 달러로 106.9%

나 급증하였으며, 일본도 114조 6,357억 엔에서 175조 7,745억 엔으로 53.3% 증가하였다. 대만 역시 19조 5,653억 대만달러에서 35조 7,789억 대만달러로 82.9% 늘어났다.

영업이익 면에서도 한국 기업들만 유일하게 뒷걸음질 쳤다. 한국 시총 10대 기업의 영업이익 총액은 2020년 44조 3,132억 원에서 2024년 35조 3,121억 원으로 20.3% 감소하였다. 반면 미국은 2,238억 달러에서 4,921억 달러로 119.9%나 급증하였고, 일본도 5조 4,889억 엔에서 11조 8,714억 엔으로 116.3%, 대만 역시 6,517억 대만달러에서 1조 4,523억 대만달러로 122.8%나 증가하며 한국 기업들과 대비를 이뤘다.

이는 전형적인 코리아 디스카운트 현상이라고 할 수 있다. '코리아 디스카운트(Korea Discount)'란 한국 기업의 주가가 비슷한 수준의 동종업계 외국 기업의 주가에 비해 절대적으로 낮게 형성되는 것을 말한다. 이 현상이 나타나는 이유는 남북이 대치하고 있는 데서 오는 지정학적 리스크, 기업 실적의 변동성, 한국 기업의 지배구조 및 회계의 불투명성, 노동시장의 경직성 등이 주요 원인으로 꼽히고 있다. 그러나 보다 근원적인 사유는 자본시장의 미발달, 증시 자체의 불건전성에서 찾을 수 있다.

코리아 디스카운트를 시정하고 우리 주식시장이 양적 성장에 걸맞게 평가를 받으려면 무엇보다 자본을 효율적으로 활용하기 위한 기업의 자발적인 노력이 필요하다. 2024년부터 시작된 '기업 밸류업 프로그램(Corporate Value-up Program)'은 이런 배경에서 마련되었다. 덕분에 2024년 상장사의 자사주 매입이 2023년에 비해 10조 원 넘게 증가, 사실상 역대 최대 규모를 기록하였다.

즉 자사주 매입 규모가 2023년 8조 2천억 원에서 2024년 18조 8천억 원으로 늘어났다. 자사주 소각 규모도 4조 8천억 원에서 13조 9천억 원으로 2.9배 늘었다. 현금 배당 역시 2023년 대비 6.3% 증가한 45조 8천억 원으로 확대되었다. 우수 밸류업 기업들로 구성된 '코리아 밸류업 지수'도 처음 도입되었다. 앞으로도 이 밸류업 노력은 꾸준히 추진되어 나가야만 할 것이다.

자본시장 건전성 제고를 위한 노력도 강화하여야 한다. 주가조작 범죄는 끊이지 않고 일어나며 재발률도 다른 범죄에 비해 높다. 실제로 주가조작 범죄는 재범률이 20% 이상으로, 일반 폭력 사건 재범률보다 훨씬 높은 수준이다. 수법도 날이 갈수록 고도화·지능화되고 있다. 과거 통상적인 주가조작 사건의 경우 투기성이 강한 종목을 대상으로 그럴싸한 소문을 낸 후 단기간에 주가를 끌어올리는 일이 많았다. 그러나 최근에는 완전히 다른 양상을 나타내고 있다. 투기성이 전혀 없는 평범한 성격의 종목을 대상으로 3~4년에 걸쳐 주가를 꾸준히 띄워서 거래량이 폭발했을 때 모두 팔고 나오는 수법이 늘어나고 있다.

이의 시정을 위해서는 금융감독 기능을 한층 더 보강하는 한편 내실화시켜야만 한다. 처벌 수위도 선진국 수준으로 대폭 강화할 필요가

**제3장** 벼랑 끝의 한국경제

있다. 즉 우리나라도 사기를 치면 패가망신 당한다는 걸 분명히 보여주어야 한다. 그러나 이보다 더 중요한 것은 시장 참여자들 스스로 경기의 원칙(rule of game)을 지키려는 페어플레이(fair play) 정신을 발휘해야 한다는 점이다.

# 07
# 빠르게 추격당하는
# 주력산업의 경쟁력

## 산업 전반의 경쟁력 쇠락

날이 갈수록 우리 산업 전반의 생산성과 경쟁력이 쇠락하고 있다. 특히 철강, 반도체, 자동차 등 주력 업종에서 심각한 도전을 받고 있다. 이는 대내외 여건 불확실성으로 인한 투자 감소는 물론이고 연구개발 투자의 효율성 저하, 제조업을 뒷받침하는 서비스산업의 질적 수준도 경쟁국보다 현저히 낮은 실정에 기인한다. 이와 함께 계층 간 및 산업 간 격차 확대로 인한 갈등구조의 심화도 커다란 요인이 되고 있다.

여기에 우리와 여러 면에서 경쟁 관계에 있는 중국이 '기술굴기(技術崛起)'를 앞세워 5G 이동통신과 반도체 등 우리의 텃밭을 빠르게 추격하고 있다. 특히, 우리가 초격차(超格差)를 지니고 있다고 자부하는 반도체 기술마저도 중국이 우리의 고급 기술진을 매수해 빼내 가는 등 극단적인 수단까지 불사하고 있는 점을 감안할 때 사정이 녹록지가 않다. 그리고 철강과 자동차산업에서도 가격경쟁력을 내세워 세계 시장을 석권하면서 우리를 위협하고 있다.

## 강도 높은 혁신이 필요한 철강산업

철강산업은 자동차, 조선, 가전, 기계, 건설을 비롯한 전 산업에 기초소재로 공급되는 대규모 장치산업으로, 다른 산업과의 연관 효과가 매우 큰 특징을 지니고 있다. 우리나라 철강산업은 불모지나 다름없는 상태에서 출발하여 2009년에는 조강생산이 48.6백만 톤, 세계 6위에 달하는 비약적인 성장을 이룩하였다. 나아가 포스코의 포항제철소와 광양제철소, 현대제철의 당진제철소 등 3대 제철소 체제가 확립되었고, 2018년에는 72.5백만 톤의 조강을 생산하면서 정점에 달하였다. 이런 과정에서 우리나라의 철강산업은 제조업과 수출 중심의 한국 경제를 든든히 뒷받침해 온 중요산업이 되었다.

그러나 철강산업은 기후위기 시대와 환경친화적인 경제사회 분위기를 맞으면서 어려운 국면에 처하게 되었다. 재생에너지 사용과 탄소 배출권 확대 등의 이슈로 비용 부담이 늘어나고 있기 때문이다. 더욱이 최근에는 건설 경기가 침체에 빠진 가운데 중국산 저가 철강재의 공급과잉 문제, 미국과 유럽연합(EU)의 보호무역 정책 강화 등 대내외

여건마저 악화하면서 위기국면에 놓이게 되었다.

우선 철강산업과 밀접히 연계되어있는 건설경기가 불황에 처해 있음에 따라 피해가 클 것으로 보인다. 더욱이 중국산 저가 물량 공습은 상황이 심각하다. 중국이 극심한 경기침체에 따라 자국 철강 물량을 외부에 저가로 밀어내면서 국내 철강기업들은 가격경쟁력을 잃은 상황이다. 중국 철강 제품가격은 미국·EU 또는 다른 아시아 국가 대비 10~20% 저렴한 수준이다. 한국철강협회에 따르면 2024년 10월까지 중국산 철강재 수입량은 753만 5천t으로 지난 2022년 한 해 동안의 물량을 넘어섰다. 사실상 중국 물량이 내수 철강 시장을 잠식한 것이다.

이러한 중국발 악재를 두고 철강업계의 이해관계가 판이하게 엇갈리고 있다. 포스코, 현대제철 등 국내 양대 용광로 운용사는 중국산 열연강판에 대한 정부의 반덤핑 조사를 요청하고 있다. 반면 동국제강, 세아제강, KG스틸과 같은 후공정 기업은 열연강판을 직접 생산하지 않고 외부에서 조달해 오는 생산 체계를 갖추고 있기에 반덤핑 관세를 바라지 않고 있다. 반덤핑 관세가 부과될 경우 동시다발적인 원자재 가격 인상으로 이어질 수 있다는 이유이다.

여기에 대외여건도 좋지 않다. 우선 미국의 트럼프 2기 행정부는 철강에 25%의 고관세를 부과할 것을 공식 발표하였다. 트럼프는 첫 임기 때도 국가 안보를 이유로 철강 제품에 25% 관세를 부과한 바 있다. 당시 한국은 미국과 협상을 통하여 철강 관세를 면제받는 대신 수출 물량을 제한하는 쿼터(quota)제를 수용하여 그동안 대미 철강 수출에서 '263만t 무관세'를 적용받고 있었다. 그러나 앞으로는 여기에도 25%의 관세가 적용될 것으로 보인다.

또 EU의 철강 수입 규제도 더 강화된다. 탄소 배출량만큼 세금을 부과하는 '탄소국경조정제도(CBAM, Carbon Border Adjustment Mechanism)'가 2026년부터 시행되기 때문이다. 이로 인해 당장 2025년부터 철강기업들은 탄소 배출량 데이터를 의무적으로 보고해야 하는데, 다량의 탄소를 배출하는 철강업계로서는 타격이 불가피하다. 2025년 안에 탄소 배출을 상쇄할 기술을 마련해야 하는 데다, 제도 적응에 대한 준비도 마련해 하는 상황이다. 지난 2022년 CBAM 대상 품목인 철강, 알루미늄, 비료, 수소, 시멘트, 전력 등 6개의 EU에 대한 우리나라의 수출액은 51억 달러였다. 이 중에서 철강이 약 90%인 45억 달러에 달했다.

이제 우리 철강산업이 살아남기 위해서는 강도 높은 혁신이 필요하다. 한마디로 차별화된 제품을 보다 싼 원가에 생산해 내어야 한다. 아울러 철강만 생산하면 끝나던 시대를 뛰어넘어 관련 수요와 공급망 전체를 고려한 제품과 공정의 혁신이 필요한 시점에 처해 있다.

## 자동차 시장의 패러다임 전환

자동차산업은 철강, 기계, 전기 전자, 화학, 섬유 등 광범한 관련 산업을 결합하여 최종 상품을 생산하는 대표적인 종합기계공업으로서 기술집약적일 뿐만 아니라 자본 집약적인 산업이다. 관련 부품 수도 약 2만여 개에 달한다. 우리나라 자동차산업은 1975년 포니 생산을 시작으로 본격화한 후 지난 반세기 동안 엄청난 성장을 통하여 세계 5대 자동차 생산국으로 자리매김하였다. 2024년 수출액이 708억 달러로, 총수출의 10.4%를 차지하였다.

그러나 최근 자동차산업은 친환경차의 보급 확대와 인공지능(AI)을 포함한 소프트웨어(SW) 기술 등을 통한 대변혁기에 진입했고, 이를 선점하기 위한 글로벌 합종연횡이 급격하게 진행 중이다. 여기에 그동안 후발주자로 관심밖에 있었던 중국이 자동차 강국으로 급부상하면서 우리 시장을 잠식하고 있다. 즉, 우리나라 자동차산업은 새로운 도전에 직면하였다. 당장 2025년부터 어려움이 나타나고 있다.

2025년 글로벌 자동차 시장의 특징은 몇 가지로 요약된다. 첫째, 세계 시장에서의 판매량은 전년 대비 1.9% 증가에 그친 8,587만대에 이를 것으로 전망된다. 여기에는 전반적인 세계경기 둔화, 미국의 보편관세 부과와 인플레이션 감축법(IRA) 폐기, EU의 환경규제 강화 등의 악재가 작용한 데 기인한다. 특히 우리는 미국 시장에 대한 의존도가 크기에 미국의 보호무역 강화에 민감하게 반응하고 있다.

둘째, 중국 업체의 영향력이 크게 확대될 것으로 보인다. 중국 자동차 업체는 자국 내 점유율 60%를 기반으로 글로벌 시장에서 영향력을 키우고 있다. 2023년 중국의 자동차 수출 물량은 491만 대로 일본과 독일을 넘어섰다. 내연기관에서는 후발주자였던 중국 업체들은 전동화 기술과 가격경쟁력을 무기로 해외 진출을 가속하고 있으며, 소프트웨어 중심 기술을 통하여 차량의 스마트화에 앞장서고 있다. BYD (비야디) 등 중국 완성차 기업은 저렴한 가격의 자동차를 앞세워 빠르게 성장하고 있다.

셋째, 2023년부터 전기차 수요가 일시적으로 줄어드는 캐즘(chasm) 현상을 나타내고 있다. 전기차 판매량은 2020년 43% 증가에 이어 2021년 109%, 2022년 55%의 증가율을 기록하였으나 2023년에는 35%로 급감하였다. 이런 추세는 2025년에도 이어져 전기차 성장세는 둔화되고 대신 하이브리드 판매가 늘 것으로 보인다. 순수 전기차(BEV)와 하이브리드(PHEV)가 각각 18.9%, 23.8% 성장하면서 전체 전기차 수요는 2,073만 대에 이를 전망이다.

우리나라 자동차산업은 지난 한 세기 넘게 대량 생산(Fordism)과 효율 생산(Just-in-time) 체제로 경쟁력을 키워 왔으나, 이제는 기술 혁신과 친환경이라는 새로운 패러다임에 직면해 있다. 향후 자동차산업의 핵심 키워드는 전기차의 보편화, 현실적인 자율주행 기술발전, 모빌리티(mobility) 서비스 강화 등이 될 것이다. 이를 다임러그룹 전 회장 디터 체체 (Dieter Zetsche)는 미래 모빌리티산업은 Connected(연결성), Autonomous(자율주행), Shared & Service(공유 및 서비스), Electric(전기화) 등의 'CASE'로 압축되는 패러다임의 변화가 있을 것이라고 예견하였다.

특히 전기차는 이미 전 세계적으로 필수 선택지로 자리 잡았다. 세계 각국 정부는 전기차 전환을 가속하고 있다. EU는 2035년까지 내연기관차 판매를 중단할 예정이며, 미국도 전기차 인프라 확장에 막대한 투자를 진행 중이다. 2025년에는 전기차 시장 점유율이 전체 자동차 판매량의 25%를 넘어서고, 기술 혁신이 두드러질 것으로 보인다.

한국 자동차산업이 계속 국제 경쟁력을 지니기 위해서는 이러한 패러다임 변화에 능동적으로 대응해 나가야 한다. 이를 위해서는 무엇보다 AI 기술 확보 등 소프트웨어 역량을 강화해야 한다. 이는 최근 글로벌 자동차산업이 기계 중심에서 SW 중심의 자동차(SDV, Software Defined Vehicle)로 전환기를 맞이하며 혁신을 일으키고 있기 때문이다.

이와 함께 모빌리티 서비스사업 진출 등 비즈니스 모델을 다각화해야 한다. 이는 자율주행 기술이 발전하면서 로보 택시나 자율주행 셔틀의 등장 등 전기차와 자율주행 기술이 결합한 모빌리티 서비스가 확대될 것이기 때문이다. 아울러 전기차와 자율주행 기술 개발을 위한 대규모 R&D 투자 확대가 중요하다. 그리고 IT 기업과 배터리 제조사 등과의 전략적 제휴도 필요하다.

## 격화되는 반도체산업 패권전쟁

반도체는 TV, 컴퓨터, 스마트폰, 자동차 등 대다수 전자기기와 인공지능, 사물인터넷, 자율주행 등 4차 산업혁명 기술에 필수적이어서 국가 간 기술 경쟁이 치열하다. 또 반도체는 재료와 장비, 공정이 각각 수

백 개에 달해 누구도 쉽게 장악하기 힘든 첨단 분야이다. 재료 한두 개만 빠져도 생산이 멈출 수 있기에 산업의 쌀이라고 불린다. 더욱이 반도체 칩은 이제 국가 안보에도 깊숙이 자리한 전략자산으로 취급받고 있다. 이로 인해 세계 각국은 반도체 산업육성에 사활을 걸고 있다.

특히 우리나라로서는 반도체가 수출과 제조업 부가가치의 20% 이상을 차지하는 핵심 주력산업이다. 다만, 메모리(memory)반도체에 치중하고 있어 장래 발전은 불투명하다. 향후 대세는 인공지능 발전에 따라 이를 뒷받침하는 비메모리 반도체이기 때문이다. 수익성도 메모리보다 비메모리가 우위에 있다. 더욱이 메모리 분야마저 최근 수년간 중국의 추격 등으로 글로벌 시장의 점유율이 지속해서 하락하고 있다.

여기에 더해 최근에는 다양한 애로 요인이 동시에 겹치면서 반도체 업계에 어려움이 가중되고 있다. 이들은 중국의 저가 공세, 수출 동력약화, 정치 리스크, 환율상승 등의 애로 요인들이다. 우선, 주력 품목인 D램 가격의 하락 등 반도체 경기가 사이클상 하강국면(down cycle)에 처해 있다. 그리고 국내 기업 실적 개선 1등 공신인 고대역폭메모리(HBM, High Bandwidth Memory)도 미국의 중국 수출 규제 대상에 추가됨에 따라 중국 수출에 애로가 생겨났다. 또 28nm 이상의 공정인 범용 레거시(legacy) 제품은 중국 업체의 저가 공세로 수지가 악화하고 있다. 또 수입하는 웨이퍼(wafer) 등 원자재 가격이 환율로 인해 상승함으로써 제조원가도 상승하고 있다.

그런데 무엇보다 큰 애로는 세계 반도체 강국들이 반도체 핵심 생태계 육성 및 주도권 장악을 위해 보조금 지원 및 혁신 경쟁을 심화하고 있다는 점이다. 특히 중국은 반도체 자립을 위해 반도체산업을 적극적으로 육성하고 있다. 이 과정에서 한국과 대만 등으로부터 기술 탈취와 인력 빼돌리기 등 온갖 불법과 편법 행위도 불사하고 있다. 그 결과 우리가 자랑해 왔던 기술상의 초격차가 점차 소멸하고 있다. 2022년에는 중국 최대 반도체 파운드리 업체 SMIC가 초미세 공정 문턱으로 평가받는 7nm 공정 개발에 성공했다는 소문도 흘러나왔다.

더욱이 인공지능(AI) 등장과 더불어 메모리 시장의 상황이 급변하고 있다. 물론 HBM 분야에서 국내의 SK하이닉스가 두각을 나타내고 있지만, 세계 최대 인공지능 반도체회사 엔비디아(Nvdia)의 CEO 젠슨 황(Jensen Huang)은 주요 협력사로 미국의 마이크론(Micron)을 우선시하고 있다. 이처럼 메모리 반도체에서 경쟁사로부터 추격을 당하고 있다면, '파운드리'(Foundry)에서는 세계 1위인 대만의 TSMC와의 격차를 좁히지 못하고 있다. 오히려 격차가 벌어지면서 시장 점유율 격차가 50%p에 육박할 만큼 크다.

여기에 2025년 초 중국의 인공지능 스타트업 딥시크(DeepSeek)가 저비용 칩을 활용하여 고성능 AI 모델을 개발한 소식도 한국 반도체산업을 뒤흔들고 있다. 이로 인해 엔비디아를 중심으로 한 고성능 칩 시장에 균열이 생길 가능성이 발생하였기 때문이다. 자연히 엔비디아 등에 고부가가치 제품인 HBM을 판매하는 국내 반도체 업체에도 연쇄 타격이 불가피한 상황이 일어나게 되었다.

우리 반도체산업이 앞으로도 계속 세계를 선도해 나가려면 무엇보다도 기술 경쟁이 한창인 HBM을 중심으로 한 기술 연구개발 투자를 확대하여야 한다. 또 비메모리 분야와 2나노(nm) 이하의 첨단공정 개발 노력도 강화하여야 한다. 아울러 팹리스(Fabless), 패키징 등 부가가치 높은 전후방산업 육성책도 마련·추진하여야 한다. 그리고 반도체 관련 학과 정원 확대 등 전문인력 양성과 인력 빼가기에 대응하는 노력도 강화하여야 한다.

# 08
# 낙후된 미래산업의
# 성장동력

## 기술패권의 시대 도래

과거 그러했던 바와 같이 미래의 세계 패권을 가늠하는 가장 중요한 '게임 체인저(game changer)' 역시 기술 혁신에서 나올 가능성이 크다. 더욱이 4차 산업혁명 시대의 기술 표준은 제품의 기술 표준으로 시장을 보호하던 이전의 상황과는 너무나 다를 것이다. 4차 산업혁명은 전 세계가 네트워크(network)와 플랫폼(platform)으로 얽히고, 이를 기반으로 데이터(data)가 새로운 자원으로 등장하면서 기존의 시장과 산업구조를 급속하게 변화시키고 국제질서의 재편까지 유도하고 있기 때문이다.

그러나 우리는 미래를 담보해줄 마땅한 새로운 성장동력을 제대로 찾지 못하고 있다. 지금 세계 주요국들은 4차 산업혁명 시대의 핵심 먹거리로 인공지능(Artificial Intelligence), 바이오(Bio), 빅데이터(Big Data), 양자컴퓨팅(quantum computing), 우주기술 등의 신기술과 산업을 꼽고 있다. 그래서 이들 분야에 대한 선두경쟁이 치열하다. 특히 미국과 중국이 가장 적극적이다. 양국 간 무역분쟁이 이에서 비롯되었다고 해도 과언이 아니다. 반면 우리의 준비상태는 이제 막 걸음마를 뗀 수준에 불과하다. 더욱이 4차 산업혁명 시대의 가장 기반이 되는 빅데이터산업은 개인정보 보호라는 규제에 묶여 한 발짝도 앞으로 나아가지 못하고 있는 실정이다.

한편, 현대사회를 눈부시게 변화시키고 있는 이 첨단기술은 '승자독식(winner takes all)'의 성향이 매우 강하다. 선두는 자신에게 유리한 표준과 규범을 만들기 마련이어서 후발주자들은 이를 역전시키기가 매우 어려워지게 된다. 더욱이 기술 개발의 주기가 급속히 짧아지고 있다. 그 결과 선진국의 첨단기술 관련 R&D 비용은 급증하고 있으나 그로부터 창출되는 이익의 영역은 축소되었다. 이에 따라 기술패권 경쟁이 치열해지고 기술 혁신에서 뒤질 때 기존 패권국가나 선도기업도 순식간에 존폐를 위협받게 될 공산이 커졌다.

따라서 이러한 첨단기술들은 선점하는 것이 매우 중요하다. '빠른 추격자(fast follower)'가 아니라 '선도자(first mover)'가 되어야 한다. 이미 우리는 선두주자인 미국 등에 비해 기술력이 2년 이상 뒤처져 있다.

또 우리가 앞서간다고 평가되는 분야가 전혀 눈에 띄지 않고 있다. 이러다가는 자칫 4차 산업혁명 시대의 후진국으로 전락하기 십상이다.

## 걸음마 수준의 양자컴퓨터 기술

양자컴퓨터란 0과 1을 동시에 표현해 다수의 연산이 가능한 큐비트(qubit)라는 개념으로 계산하는 컴퓨터이다. 0 또는 1 중 하나의 비트(bit)로만 연산할 수 있는 기존 컴퓨터 대비 30조 배 빠른 연산이 가능하다. 아직 상용화되기는 어려운 상태이지만, 방대한 물량의 데이터를 처리해야 하는 신약 개발, 물류시스템 혁신, 자율주행, AI 등의 신산업 분야 모두 양자컴퓨터에 기대를 걸고 있다.

전 세계 글로벌 IT기업들은 이 기술을 선점하기 위하여 노력하고 있다. 양자컴퓨터의 개념은 1980년대 초 미국에서 발표되었으며, Google과 IBM 등 IT기업들이 앞다투어 기술을 개발 중이다. 2019년 10월 Google은 양자컴퓨터를 이용하여 슈퍼컴퓨터로 1만 년이 걸리는 연산을 200초에 달성하였다고 발표하였다. 2024년 12월에도 Google은 '윌로(Willow)'를 선보임으로써 양자컴퓨터 상용화 가능성을 크게 앞당겼다. 이는 가장 강력한 슈퍼컴퓨터가 약 $10^{25}$년이 걸릴 계산을 단 5분 만에 해결하는 성능을 지녔다. 또 다른 성과는 양자컴퓨팅의 최대 난제 중 하나인 오류 수정 기술을 개선하였다는 점이다.

정부 차원에서도 미국과 중국은 연구와 투자를 늘리고 있다. 미국 국가안보국(NSA)은 2015년 사이버 보안 강화 전략의 일환으로 양자컴퓨터 개발에 7,970만 달러를 투자하기로 하였다. 또 2018년에는 '국가 양자 이니셔티브 법(National Quantum Initiative Act)'을 제정하여 양자컴퓨터 개발 연구를 지원하고 있다.

중국도 2016년 세계 최초로 양자통신위성을 발사하는 등 적극적으로 기술 개발을 추진 중이다. 2018년부터 5년 동안 1,000억 위안(약 19조 원)을 투입하여 '양자정보과학국가연구소'를 설립하고, 원거리 양자통신망 구축과 양자컴퓨터 개발에 집중하기로 하였다. 이 기술을 활용하여 2030까지 인공지능 분야의 최고 기술 보유국이 되려는 목표를 지니고 있다.

앞으로 양자컴퓨터가 상용화되면 현대 기술로 만들어진 정보시스템의 속도가 획기적으로 개선될 뿐만 아니라 군사, 금융, 통계 등 수리적 계산 및 보안이 중요한 분야에서의 괄목할 만한 기술 향상이 뒤따를 것으로 예측된다. 지금까지는 신약 개발 시 일일이 실험을 거쳐야 했지만, 양자컴퓨터를 활용하면 단번에 최적화된 신물질을 찾을 수 있다. 다만, 전문가들은 양자컴퓨터가 본격 상용화되려면 최소 10년 이상 필요할 것으로 진단한다. 한 대당 최소 수십억 원을 호가하고 있어 규모의 경제를 달성하기까지 장시간이 필요한 데다 핵심 지표인 오류율을 줄이는 일이 쉽지 않기 때문이다.

그러나 양자컴퓨터도 인공지능(AI) 분야처럼 초기에 시장을 주도하지 않으면 따라잡기 어렵다. 더욱이 대규모 투자 비용이 들어가고 성공확률도 높지 않다. 따라서 정부와 기업은 서둘러 이 분야에 대한 투자를 확충하는 한편, 인프라 구축과 인력 양성 노력을 함께 기울여 나가야 한다.

## 1등급 국가에 한참 뒤처진 인공지능 기술

'인공지능(AI, artificial intelligence)'이란 사고나 학습 등 인간이 가진 지적능력을 컴퓨터를 통해 구현하는 기술이다. 인공지능 기술은 로봇과 인공지능 스피커, 자율주행 자동차와 드론, 가상현실(VR, virtual reality)과 증강현실(AR, Augmented Reality), 웨어러블(wearable) 디바이스 등 새로운 산업과 시장을 만들어내고 있다. 최근에는 오픈 AI(Open AI)가 선보인 ChatGPT 같은 생성형 인공지능도 출현하여 삶의 패턴을 바꾸어 놓았다.

이처럼 인공지능은 그 자체로도 중요하지만 다른 산업과 기술에 지대한 영향을 미친다. 인공지능 기술은 다양한 산업 분야에 혁신을 가져오는 잠재력을 지니고 있어 이를 활용하는 기업은 막대한 경제적 이득을 취할 수 있다. 제조업과 유통, 금융과 의료 등 기존 산업을 혁신시켜 고부가가치를 창출해 내고 있다. 나아가 인공지능 기술은 군사기술 발전에도 중요한 역할을 하며 이를 통해 국가 안보를 강화하고 있다. 한마디로 인공지능은 모든 산업과 기술에 활용되는 범용기술로서 미래의 국가경쟁력을 좌우하는 핵심기술이다.

이런 상황 속에서 인공지능 제품 등 관련 시장도 급속히 커지고 있다. 글로벌 시장조사기관 '포춘 비즈니스 인사이트(Fortune Business Insights)'에 따르면 글로벌 AI 시장 규모는 2022년 4,280억 달러에서 2030년에는 2조 251억 달러 규모로 연평균 21.6%의 기하급수적으로 성장할 것으로 전망하였다. 지금 세계 각국은 4차 산업혁명과 인공지능 시대의 리더가 되기 위해 전쟁을 방불케 할 정도로 치열한 기술패권 경쟁을 벌이고 있다. 특히 미국과 중국 간의 패권경쟁이 치열하다.

미국은 인공지능 기술 역량면에서 아직은 세계 최고의 수준을 나타내고 있다. 그러나 중국이 무섭게 추격하고 있다. 중국은 '인공지능 굴기(崛起)'를 통해 미국을 기필코 따라잡겠다는 목표 아래 정부와 기업이 힘을 합쳐 인재 양성과 기술 투자에 혼신의 노력을 다하고 있다. 물론 아직은 알고리즘(algorism)과 상용화 등 전반적인 인공지능 역량면에서는 미국에 뒤지고 있는 것으로 평가되고 있는 것도 사실이다.

그런데 최근 중국의 스타트업 딥시크(DeepSeek)가 미국의 인공지능 빅테크 기업들을 뒤흔드는 일이 벌어졌다. 미국의 오픈AI가 개발한 챗GPT의 1/10에 불과한 비용으로 유사한 고성능의 대형 언어모델(LLM, Large Language Model) V3를 선보였고, 연이어 더 진화한 AI 추론 모델 R1을 공개했기 때문이다. 당시 DeepSeek 모델들은 애플 앱스토어 무료 앱 다운로드 순위에서 오픈AI의 챗GPT를 2위로 밀어내고 1위에 올랐다.

이를 두고 미국에서는 AI 분야에서의 '스푸트니크 모멘트(Sputnik moment)'라고 표현하기도 한다. 이는 1957년 냉전 시대에 옛 소련이 미국에 앞서 인류 최초의 인공위성 스푸트니크 1호를 우주로 쏘아 올린 충격을 뜻한다. 이후 자극을 받은 미국의 빅테크들은 AI분야 투자 규모를 대폭 확대할 충을 발표하였다. 미국 정부도 중국의 인공지능 발전 저지를 위해 AI 개발에 필수자재인 반도체 수출 규제를 강화하는 등 대응책을 마련하고 있다.

한편, 우리나라의 인공지능 환경은 클라우드(Cloud)와 빅데이터, 딥러닝(deep learning) 등 핵심 원천기술에서 미국과 중국 등 선도국에 비해 크게 뒤떨어져 있다. 그리고 타 산업 분야와의 협업 등 산업생태계 조성 측면에서도 아직 부족한 부분이 많다. 다만, 5G 이동통신과 IT 시설 등 기본 인프라가 그런대로 갖춰져 있어 지금까지는 그럭저럭 버티고 있으나 앞으로가 걱정이다.

우리나라 정보통신기획평가원(IITP)이 조사한 AI 분야의 전반적 기술 수준은 2022년 기준 미국(100%)이 가장 높고, 그다음으로 중국(92.5%), 유럽(92.4%), 한국(88.9%), 일본(86.2%) 순으로 높게 나타났다. 또 중국과학기술정보연구소(ISTIC)가 발표한 '2023 글로벌 AI 혁신지수 보고'에서도 미국 74.71점, 중국 52.69점을 각각 기록해 1급 단계 국가에 해당했다. 2급 단계에는 영국(37.93점), 일본(34.42점), 싱가포르(33.84점), 한국(33.11점), 캐나다(32.38점), 독일(32.32점), 프랑스(31.73점), 네덜란드(30.70점), 스웨덴(30.46점) 등 9개국이 포함되었다. 그러나 1급과 2급 단계 국가들과 격차는 더 벌어졌다.

2024년 말, 보스턴컨설팅그룹(BCG)은 73개국 대상 'AI 성숙도 매트릭스' 평가 보고서에서 한국을 2군 격인 'AI 안정적 경쟁국'으로 분류하였다. 1군인 'AI 선도국'에는 미국·중국·영국·캐나다·싱가포르만 포함되었으며, 한국은 6위를 차지해 그 뒤를 이었다. 다만, 미국과 중국을 제외하면 나라별 격차는 크지 않다는 게 전문가들의 의견이다.

향후 우리나라 인공지능 기술 발전을 위해서는 무엇보다 기본 전제 요건이 되는 데이터 활용에 대한 규제를 혁신해야 한다. 중국이 AI 분야에서 경쟁력을 가지게 된 결정적 요인이 다름 아닌 바로 데이터 활용이 자유롭다는 점은 우리에게 많은 시사가 된다. 또 고급인재를 적극적으로 양성하고 우수한 기술을 가진 스타트업(start up)을 발굴·육성하는 등 우호적인 산업생태계의 조성이 중요하다.

이와 함께 오픈소스 전략을 추진할 필요가 있다. '오픈소스(open source)'란 소프트웨어의 설계도에 해당하는 소스코드를 인터넷 등을 통하여 무상으로 공개하여 누구나 그 소프트웨어를 개량하고 이것을 재배포할 수 있도록 하는 것을 말한다. 오픈소스 필요성은 인공지능처럼 어려운 기술의 발전은 독자적인 노력만으론 한계가 있기 때문에 기술을 공개하여 더 많은 개발자 우군을 확보, 인공지능 생태계 진화를 앞당기기 위한 것이다. 아울러 폐쇄적인 시각에서 벗어나 기술 플랫폼을 공개함으로써, 우수 인재를 훈련하고 발굴하려는 뜻도 내포되어 있다.

## 팬데믹 이후 심화된 바이오(Bio)산업의 중요성

코로나19 팬데믹 기간 동안 세계 각국은 마스크·백신·치료제 등이 전략자산으로 작동하게 되자, 긴급물자를 비축하거나 수출을 통제하는 모습을 보였다. 미국은 「국방물자생산법(Defense Production Act)」에 따라 마스크, 개인보호 장비, 호흡기 치료설비 완제품, 원재료 등에 대한 수출을 제한하였다. 또 자국 내 백신 생산 물량을 늘리기 위한 지원을 확대하고, 백신 원자재 수출을 통제하는 행정명령을 발동하기도 하였다. EU 역시 백신 공급이 수요에 미치지 못하면서 2021년 백신의 역외 수출을 규제한 바 있다.

이처럼 글로벌 보건위기를 겪으면서 생명공학과 바이오(Bio)산업의 중요성은 한층 더 커지게 되었다. 경제 발전과 사회문제 해결을 위한 주요한 수단에 그치지 않고 국민의 건강과 생존을 지키는 방패이며, 나아가 국가 안보 차원에서도 매우 중요하다는 인식이 높아졌다. 전 세계 제약바이오 시장은 최근 몇 년간 급격히 성장하며 1.5조 달러에 달하는 산업으로 자리 잡았다. 전문가에 따르면 향후 5년간 연평균 6~7% 성장률을 기록하며 2026년에는 2조 달러를 넘어설 것으로 전망된다. 이는 반도체와 자동차산업을 합친 규모에 필적한다. 이에 국제 사회에서는 생명공학과 바이오산업을 지원하고 육성하는 정책을 강화해 나가고 있다.

바이오산업은 10년 이상의 개발 기간, 1조 이상의 개발 비용이 소요될 정도로 오랜 시간과 비용 투자가 필요한 산업이다. 이로 인해 아직은 자본력과 기술력 면에서 우위에 있는 미국이 선두를 달리고 있다. 2021년 글로벌 생명공학 시장 규모는 미국이 전 세계 시장의 60%를 차지하며, EU 12%와 중국 11%를 크게 앞서고 있다. 또 존슨앤드존슨(J&J), 애보트(Abbott), 화이자(Pfizer), 머크(Merk) 등 세계에서 가장 큰 의료기업 10개 중 7개가 미국 기업이다.

그러나 중국의 추격이 만만치 않다. 중국은 생명공학을 '중국제조 2025'의 10대 핵심 성장동력 중 하나로 선정하고, 정부가 적극적으로 지원시책을 펼치고 있다. 특히 미국은 인권문제가 임상시험에 결정적 걸림돌이 되고 있지만, 중국으로서는 크게 문제가 되지 않기에 신약 개발과 유전자공학 발전에 유리한 환경을 지니고 있다. 중국은 2020년 저명한 자연과학 학술지 '네이처'가 발표하는 연구 경쟁력 지표인 '네이처 인덱스(Nature Index)'에서 독일과 영국을 제치고 미국에 이어 2위에 올랐다. 또 중국은 전 세계적으로 생명공학 기술특허를 가장 많이 보유한 나라이다. 2000년 1%에 불과하였던 중국의 글로벌 생명공학 기술특허 점유율은 2019년 28%까지 확대되었다.

이처럼 바이오산업의 중요성이 커지면서 주요 국가들은 산업 육성에 심혈을 기울이고 있다. 이에 비해 아직 우리의 바이오산업은 매우 취약하다. 제약업계는 주로 복제품인 제네릭(generic)에 치중하고 있으며 신약 개발 기업들은 규모가 매우 영세하다. 이는 신약 개발 과정에는 엄청난 규모의 자금과 시간이 소요되며, 성공확률도 높지 않기 때문이다. 그 결과 글로벌 상위 50대 바이오기업에 한국은 아직 포함되어 있지 않다. 반면, 제네릭(generic)은 신약 개발비는 절감하면서도 오리지널(Original) 약의 절반 이상에 달하는 비교적 높은 약값을 받을 수 있다.

향후 우리나라 바이오산업이 제대로 발전하기 위해서는 여러 조건이 갖춰져야 한다. 우선, AI 기술의 접목이다. 이를 통해 신약 개발시 일일이 실험을 거치지 않고도 최적화된 신물질을 찾는 시간과 비용을 크게 줄일 수 있게 된다. 또 의약품 중심 치료를 넘어 데이터에 기반한 포괄적인 헬스케어(healthcare) 산업생태계를 구축하는 데도 이바지할 것으로 전망된다.

그리고 R&D 투자를 확대해 나가야 한다. R&D 투자는 제약 시장과의 연결고리가 되어 직접적인 판매량 증대를 가져오기 때문이다. 그러나 R&D 투자 규모가 글로벌 기업은 매출의 20%에 달하는 반면, 우리는 12% 내외로 크게 부족한 실정이다. 또 바이오산업은 실패의 확률이 다른 업종에 비해 큰 편이기에 회사가 연구개발의 위험을 전적으로 지지 않도록 정부가 지원할 필요가 있다.

아울러 국내 제약기업의 짧은 역사를 극복하기 위하여 글로벌 제약기업과 제휴를 맺고 기술 협력을 모색해야 한다. 주요 글로벌기업과의 M&A, 전략적 제휴 등을 통해 이들의 생산, 판매, 연구, 신기술 등을 함께 습득하고 발전하는 방식이 중요하다. 이는 또 규모의 경제 실현에도 도움이 된다.

## 낙후된 우주산업 생태계

2022년 6월, 누리호가 발사에 성공함으로써 우리도 마침내 독자 기술에 의한 우주 발사체를 갖출 수 있게 되었다. 우리나라 우주 개발 40년 역사상 기념비적 사건이었다. 그러나 이 역시 이제 막 첫발을 내 딘 것으로, 우주 발사체 개발·운용 면에서 우주 선진국들과 비교하면 걸음마 수준에 불과하다. 누리호는 1.5t 위성을 600~800㎞ 저궤도에 투입할 수 있는 성능인 데 비해, 미국 스페이스X의 팰컨 헤비(Falcon Heavy)는 저궤도에 64t, 정지궤도에 27t을 투입할 수 있을 만큼 고성 능이다. 또 우리나라 최초의 달 탐사선 '다누리호'도 '누리호'가 아닌 미국 스페이스X의 팰컨 9 로켓에 실려 날아갔다. 이런 사실에서 우리 의 우주기술 위상이 어느 수준인지가 잘 드러나고 있다.

우주 개발의 체계도 아직은 어설프다. 뉴 스페이스 시대를 맞이하면 서 우주 개발의 패러다임이 바뀌고 있다. 우주 강국들은 이미 민간기 업들이 재활용기술을 개발하여 우주로 로켓을 발사해 우주인과 화물 을 실어 나르고 있다. 또 각종 우주관광 상품도 쏟아내고 있다. 그런데 우리의 경우 여전히 정부 주도의 우주 개발 프로젝트를 추진하고 있 다. 더욱이 정부 자체의 우주 개발 인프라 또한 매우 취약한 실정이다. 우리나라의 우주 개발 사업 예산은 NASA의 2%에 불과하며, 일본의 20%, 인도의 60%에 지나지 않는다. 그나마 2024년 우주 개발 업무를 총괄하는 우주항공청을 발족시킨 것은 의미가 있다. 그러나 실효성을 거두기 위해서는 조직 운영이 앞으로 원활히 되어야 할 것이다.

그러면 우리가 우주 개발 과업을 제대로 수행하는데 필요한 과제는 무엇일까? 무엇보다도 우주 개발 추진체계를 과감하게 민간 주도로 전환해 나가야 한다. 그리고 대학의 인재 육성 및 연구개발 역량도 획기적으로 키워 나가야 한다. 우주기술은 매우 전문적인 분야로 우수한 인재를 필요로 하기 때문이다. 우주 전문가들은 우리나라가 진정한 우주 강국으로 도약하기 위해서는 무엇보다 인재 양성과 연구 역량의 강화가 중요한 과제라고 말한다.

아울러 우주기술의 상용화와 우주산업 생태계 조성이 크게 낙후되어 있는 점도 개선해 나가야 한다. 이와 함께 혁신적인 스타트업(Startup)을 적극 발굴하고 육성하여야 한다. 그 이유는 스페이스X의 예를 통해 잘 알 수 있다. 스페이스X도 처음에는 스타트업으로 시작하였고 한때는 파산위기도 겪었다. 그러나 불굴의 투지와 과감한 혁신능력을 통해 어려움을 딛고 일어나 지금은 대표적인 글로벌 우주기업으로 우뚝 서게 되었다.

지금 세계의 열강들은 미지의 신세계인 우주를 향해 힘찬 발걸음을 내딛고 있다. 우리도 이 대열에서 뒤처질 수 없다. 한시바삐 관련 인프라를 정비하고 우주산업의 생태계도 육성하여야 한다. 다행히 우주 강국 실현을 위한 우리의 기초자산은 꽤 튼튼한 편이다. IT, 통신과 반도체 등의 분야에서 기술적 우위를 가지고 있기 때문이다. 이를 우주 개발에 접목한다면 우리의 우주산업 또한 세계적인 경쟁력을 갖출 수 있게 될 것이다.

# 09
# 건설 경기 부진과
# 무주택자의 고충

## 건설업계의 위기감

건설업계의 위기감이 최고조에 달하고 있다. 한국은행은 2024년 실질 국내총생산(GDP) 성장률이 2.0%로 집계됐다고 밝혔다. 이는 당초 전망치 2.2%를 0.2%p 밑도는 수준이다. 특히 주춤한 GDP의 주요 원인으로 건설 투자 위축이 지목됐다. 건설업은 전년 대비 2.6% 감소하여 1년 전 3.1%에 비교해 성장이 마이너스로 돌아섰다. 이는 대표적인 내수 업종인 도소매·숙박음식업의 -1.4%보다 2배 가까이 감소 폭이 크고, 지난 2011년 이후 13년 만에 가장 낮은 성장 수준을 나타낸 것이다.

건설업 불황은 일자리 추이에서도 확인된다. 통계청에 따르면 2024년 15세 이상 취업자 수는 1년 전보다 15만 9천 명 늘어난 2,857만 6천 명을 기록하였다. 그러나 건설업 취업자 수는 1년 사이 4만 9천 명 감소하였다. 월별로는 2024년 5월부터 8개월째 감소세를 지속하였다. 2025년 들어서는 이런 추세가 더욱 심화되고 있다. 1월 건설업 취업자는 전년 동월 대비 16만 9천 명이 줄었다. 이는 2013년 산업분류개편 이후 가장 큰 감소 폭으로 건설업 취업자는 경기불황 영향으로 계속 줄고, 감소 폭도 커지고 있다.

이처럼 건설경기가 부진한 이유는 무엇일까? 첫째, 고물가·고금리

### 경제 활동별 GDP 성장률

(전년 대비, %)

| 구분 | | 2022 | 2023p | 2024p |
|---|---|---|---|---|
| 국내총생산(GDP) | | 2.7 | 1.4 | 2.0 |
| 농림어업 | | 0.8 | −2.6 | 0.6 |
| 제조업 | | 2.5 | 1.7 | 4.0 |
| 전기가스수도사업 | | 3.5 | −2.9 | 5.0 |
| 건설업 | | 0.9 | 3.1 | −2.6 |
| 서비스업 | | 3.8 | 2.1 | 1.6 |
| | (도소매 및 숙박음식업) | − | (−1.3) | (−1.4) |
| | (금융 및 보험업) | − | (0.9) | (3.5) |

자료: 한국은행

의 장기화에서 찾을 수 있다. 고금리 상황에서 건설사와 수요자 모두 자금 조달 비용이 상승하게 마련이다. 공급과 수요를 다 주저하게 하는 것이다. 고물가의 경우 특히 건설사 입장에선 자재비 상승 등에 따라 공사 원가를 끌어올리게 된다. 이는 분양가 상승으로 이어져 수요를 위축시킨다. 공사비가 2010년 이후 30% 넘게 오르면서 건설사의 이익창출력이 둔화되고 있다.

둘째, 미분양 주택이 지속적으로 증가하고 미수금 규모도 커지고 있기 때문이다. 2024년 12월 말 기준 전국의 미분양 주택은 7만 173 가구로 전월 대비 5,027가구 증가했다. 이 중에서 지방의 미분양이 5만 3,176가구로 전체의 70% 이상을 차지한다. 더욱이 준공을 완료한 후에도 미분양으로 자금이 들어오지 않은 '악성 미분양'이 늘어나, 2만 1,480가구에 달했다. 악성 미분양 주택이 2만 가구를 넘어선 것은 10년 만에 처음이다. 특히 지방에서는 악성 미분양이 80%에 육박하며 공급과잉 우려도 나오고 있다. 이런 추세는 2025년 1월에도 이어져, 악성 미분양은 2만 2,872가구에 달했다. 이러한 미분양 적체는 건설사들의 전반적인 영업상황을 악화시킨다.

신규 수주마저 악화하는 분위기다. 통계청에 따르면 2024년 3분기 누적으로 전국 건설 수주액은 126조 8천억 원으로, 2021~2023년 평균 대비 9.3% 감소하였다. 특히 건설수주의 3분의 2 가량을 차지하는 민간 수주가 17.7% 감소하였다. 건설 선행지표인 주택 인허가 및 착공 건수도 악화하였다. 주택 인허가 및 착공 건수는 작년 11월 누적으로 각각 27만 3천 가구, 24만 가구로 최근 3년 평균 대비 34.3%, 32.0% 감소했다.

셋째, 탄핵정국과 트럼프 2기 개시 등 대내외 경제 상황의 불확실성도 건설사들의 수익성 악화를 부채질하고 있다. 환율상승은 수입 원자재 가격 상승으로 이어져 공사 원가 부담을 높이고 있기 때문이다. 더욱이 전반적인 경기 위축에 따라 앞으로의 건설 경기 전망도 부진세가 이어질 것으로 보인다. 한국은행은 2025년 건설 투자성장률을 −2.8%로 제시하고 있다.

## 건설업계 재무구조 악화와 줄폐업 사태

이처럼 건설업계는 공사비는 오르는 데 반해 미수금이 증가하면서 부채비율이 높아지고 있다. 2024년 시공능력순위 100위권 건설사의 재무상황을 전수조사한 결과 32곳에서 부채비율이 200%를 초과하였다. 부채비율이 200%를 초과하면서 유동부채 대비 유동자산 비율이 100% 미만인 건설사도 8곳에 달했다. 더욱이 부채비율이 800%를 초과해 부채의존도가 과도한 건설사도 3곳이나 되었다.

건설업계 부채구조가 악화된 것은 현금이 제대로 돌고 있지 않음을 의미한다. 건설사들은 공사 진행률에 따라 수익을 산정하는데 공사를 완료하고도 받지 못한 미수금이 증가하고 있는 것이다. 즉 미분양 누적으로 운전자금 부담 등으로 현금 흐름이 악화되는 데다 시행사 파산으로 프로젝트파이낸싱(PF) 우발 채무가 현실화됨에 따라 재무 부담이 가중되고 있다. 특히, 원도급사들의 자금난은 건설업계 전반에 악영향을 미친다. 대부분 건설 현장은 원도급사가 발주처와 계약을 맺고 세부 공정을 하도급 업체에 위탁하는 구조를 지니기 때문이다. 하도급사는 원도급사와 계약을 맺고 토목과 철근·전기·배관 등 작업을 수행한다. 이 과정에서 2차·3차 하도급사에 재발주하는 경우도 많다.

또 돈이 제대로 돌지 않아 폐업이 늘어나고 있다. 건설산업연구원에 따르면 2024년 종합건설기업 폐업 신고 건수는 총 641건으로, 조사가 시작된 2005년 이후 최대를 기록하면서 1년 전보다 10.3%(60건)가 늘었다. 종합건설업체의 폐업 신고 건수는 건설 경기가 좋았던 2021년 당시 305건에 불과하였으나, 2022년 362건과 2023년 581건에 이어 2024년까지 3년 연속 증가하였다. 건설경기 악화로 2021년에 비하면 2배 이상 늘어난 셈이다.

문제는 지방을 중심으로 2025년에는 이 같은 줄폐업이 더 가팔라질 수 있다는 점이다. 2025년 1월 한 달 동안에만도 벌써 58곳의 종합건설업체가 폐업을 신고하였으며 전문공사업체까지 합치면 총 330여 건으로 늘어난다. 단순 계산으로 1월 한 달 하루 평균 10여 개 업체가 문을 닫은 셈이다. 부도업체 수도 늘어나고 있다. 2024년 부도를 신고한 종합건설사는 29개사로, 2019년 49개사 이후 5년 만에 최대치를 기록한 상태이다. 2025년 들어서도 '신동아건설'에 이어 경남 지역 2위 건설사인 '대저건설'이 법정관리를 신청했다.

사업을 계속 영위할 수 없어 주택건설업 등록을 자진 반납하는 업체도 늘고 있다. 대한주택건설협회에 따르면 2024년 자진 반납 업체 수는 795곳을 기록했는데, 이는 지난 10년간의 평균값인 606곳보다 200곳 가까이 많은 것이다. 반면, 신규 등록 업체 수는 뚜렷한 감소세를 나타내고 있다. 2024년 주택건설업 신규 등록 업체는 421곳으로 집계되었는데, 이는 2009년의 363곳 이후 15년 만에 최저치이다. 주택건설업 신규 등록 업체는 호황기인 2021년 2,191곳이었으나 2022년 1,086곳으로 절반 수준으로 급감한 후 2023년에는 429곳까지 하락하였다.

## 건설경기 악화는 우리 경제에 커다란 부담 요인

건설경기 악화는 우리 경제에 커다란 부담 요인으로 작용한다. 건설업이 경제에 미치는 영향이 지대하기 때문이다. 건설업은 우리나라 전체 GDP의 15% 가까이 차지하고, 200만 명의 일자리를 담당하는 중요한 산업이다. 무엇보다 건설업은 고용 창출에 크게 이바지한다. 산출액 10억 원 당 취업자 유발 인원이 10.8명으로, 제조업 평균인 6.5명보다 1.7배나 많은 고용 창출 효과가 있다. 취업자 수가 크게 줄어든 2025년 1월의 건설업 취업자도 192만 1천 명에 달했다.

또 건설활동 과정에서 철강, 시멘트·콘크리트, 전기·기계 장비 등 연관 산업의 산출물을 다양하게 사용해 산업의 생산유발 효과도 뛰어나다. 더욱이 우리나라는 가구 평균 자산 중 부동산 비중이 79% 내외로, 미국 28.5%, 일본 37%에 비해 높다. 이에 주택경기 부진에 따른 담보가치 저하는 곧바로 가계부채 부담을 키우고, 나아가 소비 위축 및 경제성장 회복에 제약을 미칠 우려가 있다.

　이처럼 건설업이 우리 경제에 미치는 지대한 파급효과를 감안할 때 갈수록 악화되고 있는 건설경기를 진정시키기 위한 대응책이 강구되어야 한다. 무엇보다 건설사들의 유동성 위기가 초래되지 않도록 자금시장 상황을 면밀히 점검하고 대응책을 강구해 나가야 한다. 아울러 SOC 확충과 공공임대주택 확대 공급 등을 통해 건설사들의 영업 기반을 지원하여야 한다.

　그러나 건설경기의 지나친 위축을 방지하는 시책이 결코 부동산 가격을 띄우거나 투기 붐으로 이어지게 해서는 안된다. 우리는 과거 '영끌족'들이 부동산 거품이 꺼지자 신용불량자가 되어 길거리에 나 앉으면서 심각한 경제사회 문제가 일어났고 금융 또한 대규모 부실채권들을 양산하게 됨으로써 덩달아 부실해진 경험을 지니고 있다. 부동산 투기는 한마디로 우리 경제사회를 병들게 하는 암적인 존재이며, 나라를 망치는 망국병으로 나라 경제 전체가 위축될 수밖에 없게 된다.


## 심각한 '영끌족'과 무주택자의 고충


　'하우스푸어(House Poor)'와 '영끌족' 문제가 아직도 심각하다. 이는 집이 없던 사람이 집은 장만하였으나 집값의 절반 혹은 그 이상의 금액을 대출을 받아 구입한 경우에 일어나는 현상이다. 보통 이렇게 과도한 대출을 끼고 집을 살 때는 집값이 계속 오를 것이라는 기대가 깔려있기 마련이다. 그러나 상황이 기대한 대로 진전되지 않으면서 이들은 대출금과 그 이자를 갚느라 가처분소득이 크게 줄어들어 생활고를 겪고 있다. 여기에 집값 폭락까지 겹치면 설상가상이다.

특히 2022년부터는 이런 현상이 한층 더 심각하게 나타나고 있다. 이는 전반적인 경기가 가라앉으면서 집값이 주춤하거나 서서히 빠지기 시작했기 때문이다. 여기에 장기간에 걸쳐 양적완화와 저금리 기조가 지속함에 따라 금리가 급상승할 것이라고는 전혀 예측하지 못했다. 이처럼 고금리 기조가 지속하자 신규 매입 수요가 끊기면서 거래절벽 현상마저 나타나게 되었다. 그래서 아파트를 팔아서 위기를 탈출하고 싶어도 불가능한 상황이 되어 버렸다. 결국 이들은 원리금 상환 부담이 급격히 늘어나면서 신용불량자로 전락할 상황에까지 놓이게 되었다. 특히 고금리 신용대출 등의 수단까지 동원한 영끌족들의 경우 큰 위기를 겪고 있다.

이처럼 영끌족 문제도 심각하지만 무주택 가구가 전체의 절반 가까이 된다는 것은 더 큰 문제이다. 정부가 발표한 '2023년 주택소유통계'에 의하면 일반 가구 2,207.3만 가구 중 주택을 소유한 가구는 1,245.5만 가구로 56.4%에 불과하였다. 2주택 이상 보유한 다주택 가수가 323만 8천 가구나 되었고, 5주택 이상을 소유한 가구 수도 15만 가구에 달하였다. 반면, 아직도 자기 집이 없는 무주택 가구가 961.8만 가구로 전체 가구의 43.6%를 차지하였다.

사람들은 "집을 그렇게 많이 짓는데도 왜 무주택자는 여전히 많은 것일까?"라는 의구심을 갖는다. 이는 물론 근본적으로는 주택을 구입할 능력이 없는 가구가 많은 데 기인한다. 그러나 주택을 지어 공급하더라도 돈 있는 사람들 또는 부동산 투기업자들이 여러 채를 사들이는 것도 주요 사유가 된다. 집값이 오르는 이유 또한 주택 공급 부족 탓이라기보다는 기존 유주택자들이 집을 더 사들였기 때문이라는 주장이 나오고 있다.

이처럼 수많은 무주택자들은 불가피하게 전세살이를 해야만 한다. 그런데 무주택자들은 얼마 전부터 전세가격 상승으로 '전세대란'이라 불릴 정도의 커다란 고통을 겪고 있다. 여기에 기존 전세에서 월세제도로의 전환이 확산되고 있어 서민들의 어려움은 더욱 심각하다. 그들은 전세철만 되면 불안해진다. 집주인이 이번에는 또 얼마나 전세금 또는 월세를 올려달라고 할지 걱정되어 잠을 이루지 못하는 것이다. 그나마 전세살이라도 하는 것은 감내할 수 있다. 전세 여유조차 되지 않으면 고시촌이나 쪽방촌으로 밀려나게 된다. 여기에 서민들을 위한 공공임대주택 공급 물량을 늘려야 하는 이유가 있는 것이다.

# 10

# 자영업자와 소상공인의
# 한숨

## 시름이 깊어지는 소상공인의 속사정

최근 자영업자와 소상공인들의 시름이 깊어지고 있다. 그들은 2020년 코로나19 팬데믹(Pandemic) 이후 장기화한 내수침체도 버텨왔다. 그러나 대통령 탄핵 정국이 시작되면서 이제는 더이상 버티기 어려워져 벼랑 끝까지 몰린 형국이다. 불안한 시국으로 소비심리가 얼어붙으면서 연말연시 특수가 사라진 가운데 최저임금 1만 원 시대가 열린 것이 가장 큰 사유다. 이처럼 경기 침체와 소비심리 위축, 물가 인상 등 3중고에 인건비 부담마저 더해지면서 줄폐업 우려까지 나오고 있다.

그동안 내수 침체 여파를 금융기관 대출로 막아온 자영업자들은 이제 상환에 한계를 맞고 있다. 2024년 3분기 말 자영업자의 전체 금융기관 대출 잔액은 1,064조 4천억 원, 대출 연체액 18조 1천억 원으로 각각 역대 최대 규모로 나타났다. 연체율도 1.7%로 치솟았고, 특히 다중채무자이면서 저소득이거나 저신용인 취약차주 연체율은 11.55%로 11년 만에 최대치를 기록하였다. 문제는 이들이 겪는 어려움이 어제오늘의 일은 아니지만 갈수록 그 정도가 커지고 있다는 점이다. 경기 불황과 소비 위축, 경쟁 심화, 치솟는 임대료, 인건비 증가, 금리 인상 등의 요인이 겹치면서 '자영업 지옥'이라는 말이 등장했다.

우리나라에는 자영업자가 너무 많은 편이다. 그것도 일부 음식업종에 집중해 있다. 우리나라 자영업자 수는 570만 명으로 전체 취업자 2,880만 명의 약 20% 비중을 차지하고 있다. 여기에 월급을 받지 않는 무급 가족 종사자까지 합치면 약 660만 명으로 늘어난다. 이 자영업자들이 요즈음 커다란 시련과 고통 속에 나날을 보내고 있다.

통상 산업구조가 고도화할수록 자영업자 비중은 감소하는 게 일반적이다. 각 산업의 임금 노동자 흡수력이 높아지기 때문이다. 실제 선진국들의 자영업 비중은 낮은 편이다. 노동시장이 유연한 미국의 경우 6.3%로 OECD 국가 중 가장 낮다. 독일과 일본도 10%가 되지 않는다. 그러나 우리나라만은 예외이다. 조기퇴직이 성행하고 퇴직 후 재취업이 쉽지 않은 탓에 은퇴한 중년층이 치킨집, 편의점, 커피전문점 등에 너도나도 뛰어드는 현실에서 비롯된 것이다.

최근에는 20대의 나홀로 사장님도 급증하고 있다. 고용절벽에 부딪힌 20대가 취업 대신 어쩔 수 없이 창업을 선택하고 있기 때문이다. 이들은 취업이 막막한 상황에서 뭐라도 해보려고 가게를 열었을 것이다. 문제는 경험이 부족한 20대는 1년을 생존하기도 쉽지 않은 상황이기에 20대 창업 실패자들이 더 많이 늘어날 수 있다는 점이다. 실제로 한국경영자총협회가 조사한 자료에 의하면 2023년 20대 사장님의 폐업률은 19.8%로 다른 연령층보다 높았다. 20대 사업자 5명 중 1명이 망했다는 뜻이다.

자영업자가 많다는 것도 그렇지만 이보다 더 큰 문제는 자영업자들의 폐업이 속출하고 있다는 점이다. 최근 경기 둔화와 최저임금 인상 여파 등으로 이들 영세 자영업은 직격탄을 맞았다. 지금 자영업자의 세계에는 누군가 실패하고 나간 자리에 새로운 경쟁자가 들어와 실패를 반복하는 '생존 전쟁'이 반복되고 있다.

한국경영자총협회의 '최근 폐업 사업자 특징과 시사점' 보고서에 따르면 2023년 폐업한 사업자는 98만 6천 명으로 비교 가능한 통계가 작성된 2006년 이후 최대치를 기록하였다. 폐업률은 9.0%로 집계되어 2016년 이후 7년 만에 전년 대비 상승세로 돌아섰다. 특히 국세청 자료를 보면 신규 창업 대비 폐업 비율은 79.4%에 달한다. 가게 10곳이 문을 여는 동안 8곳이 문을 닫았다는 의미다. 사실상 자영업으로 진출해 생존하는 것 자체가 쉽지 않을 만큼 경기가 나쁘다는 의미이다.

업종별로 보면 사업을 시작하는 사람들의 진입 문턱이 비교적 낮은 음식업 16.2%, 소매업 15.9% 등 소상공인이 많은 업종의 폐업률이 평균보다 크게 높았다. 진입장벽이 낮은 만큼 사업자 간 경쟁이 치열하고, 또 운용자금에서 인건비가 차지하는 비중이 높아 부담을 견디지 못한 것으로 풀이된다.

## 자영업이 급속히 무너지는 이유

자영업이 무너지고 있는 것은 무엇보다도 경기 부진으로 이들의 벌이가 줄고 있기 때문이다. 폐업 사유를 보면 사업 부진을 극복하지 못해 문을 닫은 비율이 48.9%로, 가장 큰 것으로 나타났다. 다른 이유보다 장사가 안되어 사업을 접었다는 얘기이다. 문제는 앞으로의 사업 전망도 좋지 않다는 점이다. 대한상공회의소의 유통산업 전망조사를 보면 2025년 국내 소매유통시장 성장률은 0.4%에 그칠 것이라고 한다. 이는 코로나19가 덮친 2020년의 -1.2% 이후 가장 낮은 수치이다.

최저임금 인상으로 인한 인건비 부담도 주요 이유 중의 하나이다. 최저임금은 2024년 시간당 9,860원에서 2025년 170원 오른 1만 30원으로 1만 원 시대를 맞았다. 1988년 최저임금 제도가 도입된 지 37년 만이자 2014년 5천 원을 돌파한 지 11년 만이다. 특히 내수 침체가 장기화하고 소비심리가 얼어붙은 상태에서 '연말 대목'마저 비상계엄 사태로 실종되어 최저임금 인상이 더욱 뼈아프게 다가오는 상황이다.

이에 점주들은 "최저임금 1만 원에 주휴수당 20%, 4대 보험료, 퇴직금까지 더하면 사실상 종업원 시급이 1만 4천 원에 달한다. 안 그래도 카드 수수료, 배달 수수료 등 고정비가 계속 커지는데 인건비마저 너무 올라 먹고 살기 힘들다"고 아우성을 치고 있다. 이처럼 인건비가 오르니 시간제 근로자를 쓰는 편의점주들은 당장 본인들 근무시간을 늘려 대응하는 모습이다.

상황이 이러하다 보니 소상공인연합회 등 업계는 최저임금제도의 근본적인 개편을 호소하고 있다. 주요 골자는 업종별로 최저임금을 차등하여 적용하는 방식이다. 현재 모든 업종에 일괄적으로 1만 30원을 적용하는 방식에서 취약 업종 등을 선별하여 여타 업종과 차이를 둔다는 것이다. 실제로도 식당과 모텔 등의 경우 3곳 중 1곳은 직원들에게 최저임금을 주지 못하고 있는 것으로 나타났다. 그러나 노동계는 이 주장이 임금을 최저 수준 이상으로 올려 최소한의 생활을 보장한다는 최저임금제도 취지에 어긋나고 또 업종별 차별을 초래할 수 있다며 반대하고 있어 실현될지는 미지수다.

여기에 자영업자 상호 간의 치열한 경쟁도 어려움을 가중하는 데 한 몫을 했다. 장사가 좀 된다고 하면 너나 할 것 없이 뛰어드는 풍토가 조성되어 있다 보니 한 골목에 같은 업종의 가게가 서너 곳이나 될 정도이다. 아울러 높은 임대료 부담 또한 자영업 폐업을 가속시켰다. 이들은 '조물주 위에 건물주'가 있다고 비아냥댈 정도로 임대료 부담에 시달려왔다. 자영업자들의 성지로 불리는 명동과 강남에서는 '임대 문의'라는 현수막을 어렵지 않게 찾을 수 있다.

위기를 감지한 정부는 자영업을 활성화하고 자영업자를 살리기 위한 대책을 내놓았다. 대책의 내용에는 소상공인 신용카드 소득공제율 2배 인상, 백년가게 가업상속공제 대상 포함, 노란우산공제 납입부금 소득공제 한도 확대 등이 포함되었다. 금융지원책으로는 연체 전 차주에 대한 맞춤형 채무 조정, 폐업자에게는 최대 30년간 저금리의 대출로 전환된다. 또 영세·중소가맹점의 카드 우대 수수료율도 매출액 구간별로 0.05~0.1%p 인하된다. 이러한 대책도 자영업자들에게 도움이 되겠지만, 무엇보다 근원적인 자영업자 지원대책은 경제를 활성화하는 것이다.

# 11
# 양질의 일자리 부족
# - 청년세대의 방황

### 'N포세대', 방황하는 젊음

지금 이 시대를 살아가는 우리 젊은이들은 많이 아파하고 힘들어한다. 불투명한 미래를 불안해하며 방황하고 있다. 대학 진학과 취업에 아름다운 청춘의 열정을 탕진하고서 기진맥진하고 있다. 이들은 유년기 시절부터 학습 열병에 시달리며 살아왔다. 고교 시절은 하루 서너시간만 자며 공부로만 채웠다. 천신만고 끝에 대학에 들어가도 그 기쁨은 잠시, 값비싼 등록금에 허리가 휜다. 아르바이트를 해보지만 그래도 여의치가 않아 카드빚을 내고 심지어 대부업체의 문도 두드려본다. 그러다가 덜컥 신용불량자로 전락하기도 한다.

이런 힘든 고비를 넘기고 졸업을 해도 고난은 끝이 없다. 취업은 대학 진학보다 더 어렵다. 본인이 원하는 직장에 취업하기란 하늘의 별 따기보다 더 어렵다. 경기 부진과 함께 고용 없는 성장이라는 성장 패턴이 취업 문턱을 더없이 높게 만들어 놓았다. 취업 재수생도 부지기수다. 취업 재수를 해보지만 그래도 취업의 기회는 쉬 오지 않는다. 그래서 이십대의 태반이 백수라는 이른바 '이태백'이라는 슬픈 신조어가 생겨났다.

취직을 못해 힘든 세월을 보내다 보면 비정규직도 그저 고마울 뿐이다. 그러나 비정규직은 구조조정의 일차대상이어서 언제 쫓겨나게 될지 늘 불안하기만 하다. 요행히 정규직을 꿰어찬 젊은이도 불투명한 장래에 늘 불안감을 가지고 살기는 마찬가지이다. 치열한 경쟁에서 살아남기 위해 밤샘 근무를 밥 먹듯이 한다. 빠듯한 봉급으로 저축은커녕 하루하루를 연명하는 데 급급할 뿐이다. 천정부지로 뛰어 올라있는 부동산 가격을 생각하면 가슴이 답답해지고 하늘이 노래질 뿐이다. '마이홈(my home)'은커녕 전셋집 구할 형편조차 되지 않기에 결혼은 꿈꾸기 어려운 과제가 되었다.

결혼은 저 먼 나라의 이야기처럼 들리고 결혼했다 치더라도 이제는 육아 문제가 커다란 부담으로 다가온다. 세계에서 가장 긴 근로시간과 아이를 마음 편히 맡길 곳이 없는 현실은 젊은 부부들이 아이를 가지는 데 커다란 벽이 되고 있다. 높은 교육비 부담은 둘째 낳기를 고민하게 만든다. 이들은 결국 'N포세대'가 되거나, 혹은 저임금에 시달리는 비정규직 생활을 감내해야만 한다.

'N 가지를 포기한 세대'를 일컫는 'N포세대'라는 용어는 우리 젊은 이들의 현실을 잘 대변하고 있다. 이는 연애, 결혼, 출산을 포기하는 삼포 세대에서 시작하며 주택 구입과 인간관계까지를 포기하는 오포 세대를 거쳐 꿈과 희망까지도 포기하는 칠포세대로 확장 중이다. 그런 데 당사자들은 포기하는 게 아니라 포기 당하는 것이라며 항변한다.

## 젊은층의 고통은 일자리 부족에서 비롯

이러한 젊은층의 고통은 기본적으로 일자리 부족에서 비롯되고 있다. 우리나라 실업률은 2024년 2.8%로, 3% 미만을 기록하고 있다. 15~64세 고용률도 69.5%로 안정적인 모습을 나타내고 있다. 그러나 실상을 들여다보면 상황이 확 달라진다. 무엇보다도 청년층의 고용상황은 오히려 악화하고 있다는 점이다. 이는 연령별 실업률과 취업자 증감의 모습에서 고스란히 나타난다. 15~29세 실업률은 5.9%로 전체 평균의 2배에 달했다. 취업자 수도 60세 이상에서 27만 명, 30대에서 9만 명, 50대에서 3만 명씩 증가하였지만 20대에서는 12만 명, 40대에서 8만 명씩 감소했다. 특히 15~29세 청년층에서는 14만 명 이상 줄었고, 고용률도 0.4%p 떨어졌다.

여기에 뚜렷한 이유 없이 구직활동도 하지 않는 '그냥 쉬었음'으로 분류된 청년층도 2022년 39만 명, 2023년 40만 명에서 2024년 42만 명으로 꾸준히 늘어나고 있다. 또 경제활동을 하고는 있지만 주당 취업시간이 36시간 미만이면서 추가 취업을 희망하는 청년의 수도 가파르게 증가하여 13만 명 이상에 달한다. 여기에 비정규직 비중도 높아 고용불안이 가중되고 있다.

**고용률 추이**

| 구 분 | 2020년 | 2021년 | 2022년 | 2023년 | 2024년 |
|---|---|---|---|---|---|
| 고용률(%) | 60.1 | 60.5 60.5 | 62.1 62.1 | 62.6 | 62.7 |
| •15~64세(OECD비교기준) | 65.9 | 66.5 | 68.5 | 69.2 | 69.5 |
| •15~29세(청년층) | 42.2 | 44.2 | 46.6 | 46.5 | 46.1 |
| 취업자(만명, 전년대비증감) | -21.8 | 36.9 | 81.6 | 32.7 | 15.9 |
| •15~64세(OECD비교기준) | -45.5 | 15.0 | 54.4 | 6.8 | -12.2 |
| •15~29세(청년층) | -18.3 | 11.5 | 11.9 | -9.8 | -14.4 |
| 인구(만명, 전년대비증감) | 28.1 | 29.5 | 18.0 | 14.7 | 16.3 |
| •15~64세(OECD비교기준) | -15.3 | -14.1 | -26.5 | -27.8 | -33.8 |
| •15~29세(청년층) | -14.9 | -14.1 | -20.3 | -17.7 | -23.8 |

자료 : 통계청

2025년 들어서는 더욱 심각해지고 있다. 2025년 1월의 15~29세 청년층 취업자 수가 21만 8천 명이나 줄면서 고용률도 44.8%로 떨어졌다. 경기 불확실성이 커지면서 경력직 채용 비중이 커진 점이 주된 영향을 미친 것으로 보인다. 특히 체감실업률이 무려 16.4%에 달했으며 상승 폭은 4년 만에 가장 컸다. 이는 잠재적 구직자, 그리고 취업시간을 더 연장할 것을 희망하는 불완전 취업상태인 청년들이 크게 늘었다는 것을 의미한다. '그냥 쉬었음' 청년 인구도 전년 동월 대비 9개월

연속 증가하여 43만 4천 명을 기록했다.

　이처럼 갈수록 청년층의 고용 이탈 현상이 심각한 이유는 양질의 일자리 부족에 기인한다. 양질의 일자리란 자신의 경력개발에 도움을 주고 적정수준 이상의 급여가 보장되는 일자리, 또는 정규직 등 안정된 일자리를 뜻한다. 그러나 이런 양질의 일자리는 한정되어 있기에 취업에 실패하거나, 또는 구직 기간이 길어지는 청년들은 생계 등을 이유로 단시간 일자리에 뛰어들거나 아예 어떠한 경제활동도 하지 않는 것이다. 여기에 고용을 창출해야 할 기업은 경기 부진으로 신규 인력 채용을 회피하고 오히려 인력 구조조정을 해야 할 상황이다 보니 청년실업 문제는 장기화될 수밖에 없다.

　그러나 청년들이 양질의 일자리를 얻기 전까지 생계를 위해 단시간 일자리에 머물거나, 청년층 불완전 취업자가 비경제활동인구로 이탈하는 현상이 가속화될 경우 한국 경제는 활력이 저하될 것이다. 청년실업 고착화는 성장잠재력을 잠식하게 되고 청년들을 불안정 노동계층으로 밀어낸다. 그리고 대학 졸업자가 대부분인 청년계층의 실업률이 높으면 고급인력의 손실을 초래한다. 또 이들의 경제적 독립 시기가 늦어지면서 결혼이 늦어지고 출산율도 낮아지는데, 이는 사회의 활력 저하와 국가경쟁력 약화로 이어지게 된다. 아울러 청년들이 직장을 잡지 못해 방황할 경우 각종 범죄에 노출될 가능성도 커지게 된다.

　우리 경제사회는 이제 고도 성장기를 지나 저성장이 고착화되고 있다. 이는 바꾸어 말하자면 어린 시절부터 무한경쟁에 내몰린 청년들이 노력한 만큼 보상을 얻기 어려운 사회가 되어가고 있다는 것이다. 하지만 기성세대는 명문대 진학 등 획일적 경쟁에 이들을 내몰며 수많은 '패자'를 양산하고 있다. 더욱이 수많은 청년들이 높은 취업 문턱으로 고용 절벽이라는 고통을 겪고 있는 가운데, 일부 노동조합과 공공기관에서 벌어진 채용 비리와 고용 세습 사건들은 이들을 참담하게 만들었다.

오늘날 우리는 절대적 빈곤에서는 벗어났지만 청년이 겪는 삶의 조건은 여전히 녹록지 않다. 이런 현실에서 많은 청년이 윗세대가 삶의 당연한 순리로 여긴 결혼과 출산, 육아를 포기하기에 이르렀다. 더욱이 갈수록 수명은 길어지는데 노후생활에 대한 보장은 막막하다. 청소년의 사망 원인 중 첫 번째가 자살일 정도로 현실에 대한 불만과 미래에 대한 불안이 억누르고 있다. 이것이 오늘을 살아가고 있는 젊은이들의 서글픈 현실이다. 암담한 현실에 절망한 청년들은 자신이 사는 나라인 대한민국을 '헬조선(지옥 같은 朝鮮)'이라고 자조적으로 부르고 있다.

# 12

# 노인을 위한 나라는
# 없는가?

## 노인 10명 중 4명은 최저생계비 이하의 빈곤층

지금의 노년층 세대들은 지나온 자신들의 삶에 대해 강한 자부심
과 긍지를 지니고 있다. 그들은 지금의 대한민국을 만드는 데 주도적
인 역할을 해왔기 때문이다. 6·25전쟁이 끝난 뒤 그들에게 남겨진 것
은 아무것도 없었다. 거기다가 '베이비부머(baby boomer)'라는 시대적
조류를 타고 식솔들까지 대책 없이 늘어났다. 그대로 있다가는 굶어
죽기 십상이었다. 그래서 그들은 굶지 않으려고 무슨 일이든지 열심히
했었다. 밤낮없이 몸 바쳐 일하였다.

그들은 경제 개발의 주역으로서, 수출의 역군으로서 밤낮없이 일과 함께 지내왔다. 자신의 건강과 가정과 젊음을 몽땅 일에 저당 잡히고 오로지 잘살아 보겠다는 신념 아래 청춘을 불살랐다. 자신의 일터가 바로 가정이었고, 업무는 자신의 희망이자 신념이었다. 아니 자신의 모든 것이었다. 그 결과 '한강의 기적'이라 불리는 한국 경제의 성장을 이끌었다.

또 그들은 산업화 못지않게 민주화가 중요하며 산업화의 생명이 오래 지속되기 위해서는 민주화가 반드시 병행되어야 한다는 신념을 가지고 있었다. 그러기에 적지 않은 젊은이들은 민주화를 위하여 자신의 모든 것을 희생하기도 하였다. 그들 덕분에 민주화를 쟁취할 수 있었다. 또 비록 우리가 산업화 시대에는 한발 뒤처졌지만 정보화 시대를 열어가는 데 있어서만큼은 뒤처질 수 없다는 신념 아래 최선을 다했다. 그 결과 이제 우리는 IT산업과 인터넷 강국이 되었다.

문제는 이처럼 커다란 자부심을 지니고 살아가던 노인층의 삶이 날이 갈수록 어려워지고 있다는 것이다. 무엇보다 경제적 어려움을 심하게 겪고 있다. 실제로 우리 사회는 구조적으로 노후에 소득절벽을 직면하게 될 위험이 대단히 크다. 첫째, 주된 일자리를 떠나는 시점과 국민연금과 기초연금 등 공적연금을 받는 시점이 일치하지 않는다. 법적 정년인 60살을 채우더라도 국민연금 수령 개시 연령과는 차이가 난다. 65세부터 연금을 받게 되는 2033년부터는 그 차이가 5년으로 벌어진다.

둘째, 연금으로 노후 소득을 충당하기가 어렵다 보니 노동시장에 머무르는 기간이 너무 길다. 2018년 기준 OECD 회원국의 실제 노동시장 은퇴 나이는 65.4살이지만 우리는 72.3살로 가장 높다. 연금이나 재산소득이 부족하여 일을 해야만 생계유지가 가능한 노인들이 갈수록 늘어나고 있다. 2024년 65세 이상 고령층의 취업자는 381만 명으로, 고용률이 38.2%에 달했다. 그러나 이들 대부분은 경비, 청소, 가사서비스 등 고용이 불안한 임시직이나 일용직에 종사하면서 힘들게 삶을 꾸려나가는 계층이다. 이런 현상을 두고 젊은이들의 '열정페이'에 빗대어 '노인 열정페이'라는 말도 나돌고 있다.

셋째, 한국의 노인 빈곤율도 OECD 회원국 중 가장 높다. OECD가 발간한 '한눈에 보는 연금 2023(Pension at a glance 2023)' 보고서에 따르면 우리나라의 노인 빈곤율은 40.4%이다. 이는 노인 10명 중 4명이 최저생계비 이하의 빈곤층으로 살아가고 있다는 의미이다. 한국의 노인 빈곤율은 OECD 회원국 평균 14.2%보다 3배 가까이 높은 수준이며, 40%를 넘은 곳은 한국뿐이다.

## 외로운 노인층, 독거노인의 급속한 증대

지금의 노인층이 겪고 있는 또 다른 어려움은 외로움이다. 우리나라는 전체 인구 중 65세 이상 비율이 20%를 넘어서며 초고령사회에 접어들었다. 그러나 수명은 늘어났지만 가족의 돌봄을 받지 못하고 사회적 부양도 제대로 받지 못하는 이른바 노인난민이 늘어나고 있다. 특히 자식이 있더라도 부모를 부양하는 개념이 희미해지면서 노인이 노인을 돌보는 '노노(老老) 케어' 비중이 커지고 있다. 하지만 치매 등 돌봄이 필요한 노인이 혼자 사는지, 가족과 함께 사는지조차 제대로 파악되지 않고 있는 것이 현실이다.

독거노인 또한 크게 증가하고 있다. 통계청에 따르면, 2023년 가구주 연령이 65세 이상인 고령자 가구는 565만 5천 가구로, 이 중 37.8%에 달하는 213만 8천 가구가 독거노인인 것으로 나타났다. 독거노인 중 47.8%는 자신의 소득에 만족하지 않으며, 만족하는 경우는 20.7%에 그쳤다. 또 독거노인의 절반이 넘는 55.8%는 노후가 준비되지 않았거나 준비하고 있지 않다고 답했다. 이처럼 독거노인들은 대부분 빈곤하게 살아가고 있다. 많은 이들이 폐지를 줍는 일 등으로 힘겨운 삶을 이어가고 있다.

한편, 노인층 대부분은 나이가 들어갈수록 지인들과의 사별, 가족·세대 간 갈등을 경험하게 되면서 우울 증상을 보이는 것으로 나타났다. 특히 무학, 독거, 월평균 가구소득 100만 원 미만, 80세 이상 노인에게서 우울감이 높은 것으로 나타났다. 이들은 스트레스를 해소할 기회를 찾지 못한 채 우울과 불안 등 부정적 감정에 침잠하면서 때로는 극단적 폭력성을 드러낸다. 자살을 하는 경우도 늘어나고 있다.

보건복지부가 발표한 '2023년 노인 실태 조사'에 따르면 노인 가구 중 자녀와 연락하는 비중은 2020년 67.8%에서 2023년 64.9%로 감소하였다. 그리고 전체 노인의 9.2%는 연락 가능한 자녀가 아예 없는 것으로 나타났다. 또 평균 2.2개의 만성질환을 보유하고 있으며, 3개 이상의 만성질환에 시달리는 노인도 35.9%에 달했다. 특히, 독거노인의 경우 '건강하다'라고 응답한 비율은 34.2%로, 노인부부 가구의 48.6%에 비해 낮게 나타났다. '우울증상', '영양관리', '생활상의 어려움' 등 다양한 측면에서 다른 가구 형태에 비해 열악한 상황으로 파악됐다.

이처럼 날이 갈수록 커지고 있는 노인의 '외로움'과 '경제적 부담'은 높은 노인 자살률에서도 잘 나타나고 있다. 우리나라 노인 자살률은 세계 최고이다. 2023년 우리나라 65세 이상 노인 자살률은 인구 10만 명 당 42.2명으로 전체 평균 자살률 27.3명의 2배 수준이다. OECD 평균 노인 자살률 16.3명과 비교하면 3배에 가깝다.


지금의 노년층들은 국가 발전과 가족의 안녕을 위해 자신의 모든 것을 바쳤다. 그러나 정작 자신의 삶을 돌볼 틈은 없었다. 그들의 육신은 지칠 대로 지쳐 자신도 모르는 사이에 서서히 망가져 가고 있었다. 여기에 이제는 나이가 차 직장생활을 그만두면서 경제력도 급격히 떨어진 상태이다. 자연히 가정에서뿐만 아니라 사회에서도 점차 존재감이 엷어지고 발언권도 약해졌다. 더욱이 핵가족화되면서 자손에게 부양을 기대하기도 어려운 처지에 놓여 있다. 그래서 자신을 경제적 지위와 권위, 자녀의 봉양 등 모든 걸 잃어버린 '버려진 세대'라는 자괴감을 지닌 채 살아가고 있다.

# 제4장

## 어떻게 위기에서 벗어날 것 인가?

새로운 시대의 정치인에게는 소통과 포용, 희생의 리더십이 중요하다. 아울러 경제적 식견도 필요로 한다. 다만 인기영합적인 포퓰리스트는 단연코 배제되어야 한다. 이런 정치인들로 진용을 갖춘 새 정치권은 한시바삐 소모적인 정쟁을 끝내고 서민들의 민생과 경제 문제 해결을 위한 정책 토론의 장을 펼쳐나가야 한다. 주요 정책 과제는 혁신을 통해 산업과 금융의 경쟁력을 강화하고, 경제하려는 의지를 회복시키는 것이다. 아울러 서민생활 안정을 기하고 중산층을 육성해야 한다.

# 01
# 위기를 기회로

## 벼랑 끝에 내몰린 한국의 경제사회

지금 우리 경제사회는 가히 벼랑 끝 위기라 할 만큼 혹한기에 처해 있다. 우리는 이 경제 위기를 슬기롭게 통과하면서 글로벌 경쟁력을 더욱 확고히 구축할 수도 있지만, 쇠락의 길로 접어들 가능성도 없지 않다. 이는 우리가 어떻게 대처하는지에 따라 대한민국의 미래가 달라지게 된다는 뜻이다.

차가운 겨울을 참고 이겨내다 보면 언젠가는 따뜻한 봄이 찾아오듯이 우리 경제 현실도 마찬가지이다. 겨울은 봄으로의 도약을 위한 준비 기간이라는 점을 인식해야 한다. 이 겨울을 어떻게 보내는가에 따라 언젠가 찾아올 봄에 우리가 어떻게 변화되어 있는지를 상상해 볼 수 있다. 겨울이 춥다고 웅크리고만 있을 것인지 아니면 한 단계 더 도약을 위한 준비 기간으로 활용할 것인지는 전적으로 우리에게 달려 있다.

펭귄 중에 가장 몸집이 큰 황제펭귄은 남극의 추운 겨울에 알을 낳는 유일한 펭귄으로 유명하다. 남극의 겨울은 영하 40도에 시속 144km의 강풍이 부는 최악의 자연조건이지만, 황제펭귄은 무리를 이루어 강추위에 맞서면서 알이 얼지 않도록 보호한다. 이 상황에서 64일을 견디면 새끼가 부화한다. 상호 협력을 통하여 겨울의 악조건을 종족 번식의 기회로 승화시킨 것이다. 새끼들이 따스한 여름에 태어났다면 혹독한 겨울을 이겨내지 못했을 터이다. 겨울에 태어났기에 봄부터 부지런히 먹고 성장하여 다음 겨울을 대비할 시간을 충분히 벌게 된다.

## 인류 역사는 위기 극복의 발전사

인류 역사는 무수한 역경과 난관이 닥쳤지만, 이를 극복하면서 진보해 왔다. 역사학자 토인비(Arnold Joseph Toynbee)가 말했듯이 문명은 '도전과 응전(Challenge and Response)'의 과정에서 발달한 것이다. 이집트는 나일강의 범람을 극복하는 과정에서 기하학, 태양력, 건축술, 천문학이 발전하면서 고대 문명을 꽃피웠다. 반면, 로마 제국은 내부의 정치적 부패와 외부의 야만족 침입 등의 도전에 적절한 응전방법을 찾지 못하고 기존 체제를 고수한 결과 멸망하였다.

    세계 최강인 미국 경제도 수차례의 위기를 겪었다. 우선 2000년에 일어난 '닷컴버블'의 붕괴이다. 미국은 1990년대로 접어들면서 새로운 성장 동인을 가지게 된다. 바로 정보화의 총아 IT산업의 부흥기를 맞이하게 된 것이다. 1990년대 중후반은 이의 절정기였다. 나스닥시장은 주가가 3배 정도 뛰었다. 그러나 2000년 들면서 점차 거품이 빠지기 시작하였다. 이어진 금리 인상은 결국 IT버블, 혹은 닷컴버블의 붕괴를 초래하게 되었다.

    또 다른 하나의 사례는 2008년 글로벌 금융위기이다. 이는 주택시장 경기가 꺾이고 부동산 거품이 붕괴하면서 금융기관들이 겪게 된 유동성 위기였다. 수많은 금융기관이 도산했고, 세계 4위의 투자은행이던 리먼 브라더스(Lehman Brothers) 마저도 파산하기에 이르렀다. 그러나 미국은 이런 위기들을 혁신을 통해 슬기롭게 극복해 내면서 이제는 오히려 더 강력한 금융패권을 쥐게 되었다.

    최근 중국의 인공지능(AI) 스타트업(srartup) 딥시크(DeepSeek)가 저사양 반도체 칩으로 고성능의 인공지능 모델을 개발한 것도 하나의 사례가 된다. 미국이 인공지능 패권을 두고 경쟁을 벌이는 중국에 대해 고성능의 반도체 수출을 규제하자 중국은 저성능 반도체로도 고성능 AI를 개발하는 데 성공한 것이다. 더욱이 딥시크가 개발한 대형언어모델 V3와 추론모델 R1은 미국의 오픈AI가 개발한 챗GPT 보다도 성능이 우수한 것으로 알려졌다.

우리나라 또한 수차례의 위기 극복 경험을 지니고 있다. 전쟁의 폐허 가운데서 한강의 기적을 창조하였으며, IMF 관리체제에서 전 세계에 유례없는 최단 시일에 벗어난 전례가 있다. 또 2019년 일본이 반도체 제조공정의 필수 소재인 불화수소를 화이트 리스트(white list)에서 제외하여 우리나라에 대한 수출을 규제했을 때, 우리 정부와 기업이 합심하여 소재·부품·장비의 자립화를 빠르게 이루어 낸 경험도 있다.

지금의 경제 빙하기 또한 우리 모두 자신감을 가지고 상호 협력한다면 충분히 극복할 수 있다. 계절이 순환하듯이 경기도 순환한다는 것은 분명한 사실이다. 중요한 것은 위기가 닥칠 때 그 시련의 시기를 알차게 보내는 것이다. 우리 속담에 동짓날이 추워야 풍년이 든다는 말이 있다. 추운 겨울이 해충을 죽여서 농작물이 병충해를 입지 않기 때문이다. 이처럼 경기 한파 시기에 경제 발전을 저해하는 요소는 없는지 살펴보아 이를 제거해 나가면서 기초체력을 튼실하게 하여 적극적으로 봄맞이를 준비해 나갔으면 한다.

위기(crisis)와 기회(chance)는 한 글자 차이에 불과하다. 위기는 기존의 모든 것을 뒤흔들어 놓지만, 기회는 준비하고 노력하는 자의 것이다. 또 '전화위복(轉禍爲福)'이란 사자성어는 재앙이나 불행이 바뀌어 오히려 복이 된다는 의미를 지닌다. 이런 경구는 현대사회에서 역경을 기회로 전환하는 능력의 중요성을 강조한다. 특히 급변하는 경제 환경이나 기술 발전 속에서 위기 상황을 새로운 도전의 기회로 삼는 유연한 사고방식의 가치를 일깨워준다. 이제라도 우리는 미래에 대한 통찰력을 가지고 확고한 대응전략을 세워서 추진해 나가야만 한다.

## 경제하려는 의지와 역동성 회복

이와 함께 그동안 우리 경제사회 발전의 동력이었던 역동성을 다시금 회복시켜야 한다. 우리가 잿더미 속에서 '한강의 기적'을 만들어나가던 무렵에는 무엇인가 새로운 것에 대한 도전의식, 주어진 목표를 관철하려는 의지와 에너지가 있었다. 또 21세기 초반에만 해도 산업화에서는 뒤졌지만, 정보화 시대는 앞장서서 열어나가겠다는 포부가 있었고 결국 이를 실현해 내었다. 그러나 근래 들어 이런 역동성과 경제하려는 의지가 크게 퇴조되었다. 지금 현재의 안정에만 집착할 경우 사회는 정체되고 말 것이다.

이제부터라도 우리가 그동안 잠시 잊고 살았던 전략적 사고와 역동성을 다시 회복시켜 나가야 한다. 기업들은 단기성과에만 집착하지 말고 과감한 장기 투자전략을 세우고 실천해 나가야 한다. 물론 이를 위한 정부의 든든한 지원과 뒷받침도 필요하다. 정치권과 정부 차원에서도 장기비전 제시 기능을 강화하고 일반 국민과의 토론 기회도 확대해야 한다. 이런 과정을 통해 바람직한 정책 아이디어가 나오고 정책에 대한 국민의 신뢰와 공감대가 만들어질 것이다.

정부는 기업들의 잘못된 행위에 대해서는 매를 들어야 하겠지만 동시에 잘하는 행위에 대해서는 보상을 해주어야 한다. 지금은 그 어느 때보다도 기업이 본연의 활동에 충실할 경우 이에 대한 사회적 보상이

절실하게 요청되고 있다. 다시 말해 기업들의 기 살리기 프로젝트가 추진되어야 한다. 이를 위해서는 기업이 일자리를 많이 창출할 경우 세금을 대폭 감면해 주거나, 투명하고 적법한 가업상속을 원활하게 지원하는 방안 강구, 새로운 기업문화와 창업 성공사례에 대한 국가 차원의 홍보와 지원 강화 등의 방안들이 고려될 수 있다.

이와 함께 규제 혁파와 노동시장의 유연성 제고 등 경제사회 시스템의 혁신이 뒤따라야 한다. 특히 기업의 투자 분위기 제고를 위해 투자의 발목을 잡고 있는 각종 규제를 과감히 고쳐나가야 한다. 그동안 규제 완화 노력을 기울여 왔지만 아직도 실효는 크게 거두지 못한 실정이다. 이점을 염두에 두고 대처해 나가야만 할 것이다. 적어도 불합리한 규제로 인해 기업 투자에 지장이 초래되는 사례는 발생하지 않도록 해야 한다. 특히 규제가 서로 얽혀있어 실마리조차 찾기 어려운 덩어리 규제를 풀어나가는 데 주력해야 한다.

트럼프 정부가 '정부효율부(DOGE, Department of Government Efficiency)'를 만들어 400개가 넘는 연방기관을 99개로 줄인다고 한다. 시사점이 매우 크다. 아닌 것 같은 규제는 과감하게 없애야 한다. 어설프게 개선하는 건 효과가 없다. 꼭 필요한 규제만 있어야 한다. 시대는 도전적인 창업과 혁신을 요구하는데, 제도는 안전성과 안정성을 추구하다 보면 따라갈 수 없다. 꼭 필요한 규제들로 기업들이 활동하기 좋은 조건으로 만들어줘야 한다.


역동성을 회복하기 위해서는 실패에 대한 두려움을 불식시켜야 한다. 실패가 두려워 시도조차 하지 못하는 그런 사회는 결코 발전할 수가 없다. 리스크 관리도 중요하지만 그동안 가보지 못한 새로운 길로 나아가려는 도전의식으로 노력할 때 경쟁력도 키워질 수 있다. 특히 미래세대의 주인공인 젊은이들은 불확실성에 과감하게 도전하고 새로운 질서를 창조하려는 열정을 가져야 한다. 이렇게 할 때 우리나라는 꿈과 희망이 있는 사회가 될 것이고 지속적인 발전이 가능해질 것이다.

애플사를 창업하고 아이폰, 아이패드를 출시해서 IT업계에 새로운 바람을 불러일으킨 스티브 잡스는 불행한 환경에서 태어나 대학도 스스로 중퇴했다. 그렇지만 위대한 창의적 결과물들로 인류의 삶에 커다란 변화와 발전을 가져다 주었다. 그가 살아있을 때 스탠퍼드대학 졸업식에서 행한 연설의 한 구절인 "Stay hungry, stay foolish(항상 갈망하라, 우직하게 나아가라)"는 지금의 우리 젊은이들에게 많은 것을 시사하고 있다.

대한민국의 젊은이들이여, 좀 더 굳건한 자긍심을 가지고 살아가라! 지금 당장보다는 좀 더 먼 장래를 내다보며 작지만 큰 꿈을 가지고 살아가라!

# 02
# 소통과 포용, 희생의
# 통합 리더십이 중요하다

## 정치인에게 가장 필요한 덕목은 소통 능력

정치란 좋든 싫든 간에 국가의 운명을 좌지우지하는 가장 상층권에 있는 의사결정 플랫폼이다. 따라서 좋은 자질과 덕목 그리고 우리 경제사회가 당면하고 있는 여러 가지 문제를 해결할 수 있는 능력을 갖춘 사람이 정치를 수행해야 국가 발전을 기할 수 있다. 특히 날이 갈수록 이해관계가 첨예하게 대립하고 갈등이 심화되고 있는 삭막한 현대사회에서는 소통과 포용, 그리고 희생의 리더십이 더욱 중요해지고 있다.

정치인이 취해야 할 첫 번째 중요한 덕목은 무엇보다 상대방의 의견을 귀담아 들어주는 소통의 자세라 하겠다. 사람은 사회적 동물이다. 따라서 주위 사람들과의 소통과 교류가 끊임없이 이어져 나갈 필요가 있다. 어쩌면 사람과 사회와의 관계 단절이란 결국 죽음을 뜻하는 것일지도 모른다. 그리고 원활한 소통을 위해서는 따뜻한 언어와 격려, 사랑이 필요하며, 베풀고 배려하는 마음가짐이 중요하다. 귀로 듣고 마음으로 들을 때 우리는 상대방을 이해하게 된다. 이해한다는 것은 공감한다는 것이고, 공감한다는 것은 상대방의 입장이 되어 느끼는 것이다. 즉 자신의 생각을 내려놓고 상대방의 입장에서 생각하고 느끼는 것이다.

　지금 우리는 소통 부족의 사회를 살고 있다. 우리는 일반 언론매체를 위시하여 유튜브(youtube)와 트위터(twitter), 사회관계망서비스(SNS) 등 다양한 정보 매체를 통해 정보를 주고받으며 살고 있다. 그런데도 소통이 부족하다는 것은 무엇을 뜻하는 것일까? 이는 정보는 넘쳐 흐르지만 진솔한 대화와 생각을 나누는 진정한 소통은 매우 부족하다는 의미이다.

　이러다 보니 우리는 진정으로 상대방을 이해하거나 공감하지 못하고 서로를 경쟁자로만 인식한 채 치열한 경쟁 속에서 삶을 힘겹게 살아가고 있다. 그 결과 우리 사회에는 나눔과 배려가 크게 부족한 실정이다. 사람들 간에 좀 더 깊이 있고 진솔한 소통과 대화가 활성화된다면 어려움을 겪고 있는 이들에게 위안과 용기를 주게 된다. 나아가 우리의 가정과 직장, 사회는 건강하고 따뜻하고 살기 좋은 공간으로 변화될 것이다.

　이 소통 능력을 가장 절실히 필요로 하는 계층은 바로 정부와 정치인이다. 정부 정책이 소기의 성과를 거두기 위해서는 국민들을 설득해서 이해와 협조를 구하는 것이 필요하다. 국민들의 공감대를 이루어내지 못하면 아무리 좋은 정책이라도 성공하기가 어렵다. 특히 이해관계가 상충하거나 국민들이 고통을 감내해야 하는 과제일 경우에는 더욱 그러하다. 그리고 소통의 방식도 일방적으로 자신의 생각과 주장을 전달하는 일방통행이 아닌, 다른 사람의 말을 경청하고 그들의 입장을 이해하려고 노력하는 진정한 의미의 소통이어야 한다.

　개혁과제 또한 그렇다. 개혁은 시간이 지나면 국민에게 도움이 될지 모르나 지금 당장은 무척 고통스러운 과정이다. 커다란 비용이 수반되며 일부 계층의 희생이 뒤따라야만 하는 경우도 있다. 자연히 이해당사자들의 거센 반발이 있게 마련이다. 따라서 강력한 의지 없이는 성공하기가 어렵다. 또 개혁은 정부 혼자 할 수 없다. 국민 모두 위기의식을 공유해야 가능하다. 그러기에 국민의 협조를 끌어내기 위한 설득작업이 개혁 성공의 중요한 관건이 된다.

　최근 시중에서는 우리 정치인은 '소통'하려 하지 않고 '소탕'하는데 열을 올리고 있다는 이야기가 회자되고 있다. 소통이란 세상 사람들이 각기 서로 다름을 인정하고 상대방을 설득하거나 자신이 한발짝 양보함으로써 전체적인 균형을 가지는 것을 뜻한다. 반면, 소탕이란 서로 다르다는 것을 인정하지 않을 뿐만 아니라 자신의 견해를 관철하기 위해 제멋대로 행동하거나 상대방에게 위해를 가하는 것을 뜻한다. 이 경우 투쟁이 발생하게 되면서 세상은 살벌해지게 된다.

## 또 다른 중요 덕목은 포용의 정신

정치인에게 필요한 또 다른 중요한 덕목은 포용의 정신이다. 포용은 상대방을 아량 있고 너그럽게 받아들이는 것을 뜻한다. 그리고 포용력은 편견을 버리고 차이점을 인정할 줄 아는 기술이며, 또 어떤 사람이든 이해하고 품을 수 있는 능력을 의미한다. 그것이 좋은 일이든, 안 좋은 일이든 같이 웃어줄 수 있고, 같이 울어줄 수 있는 마음의 자세가 있을 때 그것을 우리는 포용력이라고 한다.

포용은 자기편으로 만드는 기술이며 리더십이다. 그래서 원수와 적의 마음도 녹인다. 포용의 음덕을 입은 사람은 시간이 지나면 잘못을 깨닫고 감사한 마음을 가지게 되기 때문이다. 날이 갈수록 우리 사회는 개인의 입장과 영역이 중시되고 있어, 자칫하면 무관심과 냉담, 비정함으로 얼룩진 사회로 치달을 수 있다. 이를 방지하기 위해서라도 포용의 리더십이 발휘되어야 한다.

미국의 링컨(Abraham Lincoln) 대통령은 오늘날 포용과 설득의 정치인으로 추앙받고 있다. 링컨이 대통령으로 재임 당시 미국의 정치적 상황은 남북으로 갈라서고 백인과 노예로, 보수와 진보로 갈기갈기 찢어져 있었다. 그러기에 그의 포용의 정치는 더욱 빛을 발하였다. 링컨

포용정치의 정점은 남북전쟁을 이끌 국방장관에 최고의 정적 스탠튼을 기용한 것이었다.

에드윈 스탠튼(Edwin M. Stanton)은 같은 변호사 출신이면서 10여 년 동안 그를 끝없이 괴롭히고 비하한 원수지간이었다. 링컨이 당선되자 "링컨이 대통령이 된 것은 국가적 재난"이라고까지 공격하기도 했다. 모든 참모가 극렬히 반대하며 재고를 건의하자, 링컨은 "나를 수백 번 무시한들 어떻습니까? 그는 사명감이 투철한 사람으로 국방장관에 적격입니다. 스탠튼만 한 인물을 데려오면 국방장관을 바꾸겠습니다"라며 뜻을 굽히지 않았다. 그의 혜안은 적중하였다. 스탠튼은 남북전쟁을 승리로 이끌었다.

## 자기희생의 정신, '노블레스 오블리주'

정치인에게는 자기희생의 정신도 필요로 한다. 최고의 지도자가 되려면 기꺼이 희생을 감수할 각오를 해야 한다. 리더십의 핵심은 자신보다 팀원들을 먼저 생각해야 한다는 데 있다. 리더에게는 다른 사람들보다 더 많은 희생을 요구할 때가 많기 때문이다. 당연히 리더십의 단계가 올라갈수록 희생의 정도는 더 커지게 마련이다. 조직에서 더 높이 올라갈수록 치러야 할 대가도 커진다는 의미이다. 이것이 바로 '노블레스 오블리주'이다.

정치지도자의 '노블레스 오블리주'가 탄생하게 된 배경을 소개한다.

14세기 영국과 프랑스의 백년전쟁 당시 영국 왕 에드워드 3세가 이끄는 군대는 프랑스의 칼레시를 점령했고, 1년여에 걸쳐 영국군에 저항하던 칼레의 시민들은 학살당할 위기에 놓였다. 그런데 에드워드 3세는 칼레시의 지도자급 인사 6명을 자신에게 넘긴다면 나머지 사람들은 살려주겠다는 뜻을 전달했다. 시민들은 한편으론 기뻤으나 다른 한편으론 6명을 어떻게 골라야 하는지 고민에 빠지게 되었다.

이때 상위 부유층 중 한 사람이 다른 시민들을 구하기 위하여 교수형을 각오하고 자진하여 나서게 된다. 그 뒤로 고위관료, 상류층 등이 스스로 목에 밧줄을 감고 에드워드 앞으로 출두하였다. 다행히 에드워드 3세는 임신한 태아에게 해가 될 것을 우려한 왕비의 간청을 듣고 그들의 목숨을 살려주었다고 한다. 이후 이 사건은 오늘날 상류층이 지니는 도덕적 의무를 가리키는 '노블레스 오블리주(Noblesse oblige)'의 전형적인 예로 꼽히고 있다.


우리는 이러한 자질과 능력을 갖춘 정치인들이 탄생할 수 있도록 정치적 토양을 조성해 나가야 한다. 한마디로 정치 개혁이 필요하다. 이를 위해서는 무엇보다도 돈 안 드는 정치 풍토를 조성해야 한다. 지금의 정치 환경은 선거에 돈이 많이 들어가게 되어 있다. 돈이 많이 들어가다 보니 자연히 기업이나 지인들에게 손을 내밀게 된다. 이들은 선거에서 당선되면 빚을 갚기 위해 이런저런 무리수를 두게 된다. 이런 과정에서 권한 남용과 탈법행위를 저지르게 되는 것이다.

이와 함께 선거제도의 개편 등 유권자들에 의한 선거혁명이 필요하다. 중앙무대 정치인은 지역구 문제보다는 국가 전체적인 안목에서 일할 수 있는 능력과 자질을 갖춘 사람이 선출될 필요가 있다. 지방자치 제도가 운영되는 상황에서 지역의 문제는 지자체 의회나 지자체장의 영역이다. 따라서 중앙무대에서는 좀 더 큰 시야와 전문적 식견을 지닌 정치인이 선출되는 게 바람직하다. 이를 실현하기 위한 선거제도의 개편이 필요하다는 뜻이다.

# 03
# 정쟁에서 정책 경쟁으로

## 정쟁에 함몰된 현실 정치

여론조사에 의하면 우리나라가 해결해 나가야 할 가장 시급하고 중요한 정책 과제는 양질의 일자리 늘리기와 미래의 먹거리를 담보할 산업경쟁력 강화로 나타나고 있다. 그리고 주거불안 해소와 가계부채문제의 시정, 의료대란 시정, 저출산·고령화 현상 극복을 위한 육아 대책과 연금개혁 문제 등도 상위순위에 올랐다. 이들은 대부분 국민의 기본적인 생활안정을 기하기 위한 민생과 경제이슈들이다.

그런데 우리의 정치 현실에는 민생과 경제는 없다. 오로지 정쟁만 있을 따름이다. 그들은 서민들의 삶에는 별로 도움이 되지 않는 이 이슈들을 집요하게 물고 늘어졌다. 서로가 상대방의 실수와 약점을 들추어내는 데 혈안이 되어있다. 오직 자신들의 입지를 키우기 위한 당리당략만 있었다. 어디에도 서민들의 삶을 편안하게 해주기 위한 민생과 경제 문제는 비집고 들어갈 틈이 없다. 한마디로 정책 경쟁은 없고 정쟁만 있다. 정치권은 이제부터라도 소모적인 정쟁을 끝내고 한시바삐 서민들의 민생과 경제 문제 해결을 위한 정책 토론의 장을 펼쳐나가야 한다.

## 정치권에서 토론해야 할 주요 정책 과제

그러면 지금 이 시점에서 토론의 대상이 될 정책 과제의 주요 내용은 무엇일까? 무엇보다도 경제성장률을 끌어올리고 일자리를 늘려야 한다. 우리 경제는 날이 갈수록 성장잠재력이 약화되고 있는 데다 성장을 해도 고용 증대 효과가 갈수록 낮아지고 있다. 1970년대 초에는 10%에 달했던 잠재성장률이 지금은 2%까지로 하락했다. 향후 수년간 예상되는 실제 경제성장률도 2%가 채 되지 않는다. 이러니 어찌 일자리가 늘어나고 서민들의 생활이 안정될 수 있겠는가? 그런데도 정부와 정치권은 성장동력 확충을 위해 힘을 쏟기보다는 인기영합적인 재정지출 확대에 더 열을 올리는 모습이다.

서민들이 당면한 민생고 문제는 재정을 통해 푼돈을 나눠준다고 해서 다 해결되는 것은 아니다. 서민들의 어려움을 해소해 주려면 오히려 일자리를 늘리고, 집값을 낮추며, 사교육비를 줄이고, 공정한 경쟁

규칙 아래 독과점 폐해 없이 일반 서민들이 잘 살 수 있는 건전한 사회 경제구조를 만드는 것이 더 중요하고 근본적 해법이다. 방만한 복지 키우기는 오히려 '복지병'을 키우고 결국은 재정과 경제 위기를 초래한다는 것을 우리는 유럽의 경제 위기에서 교훈을 얻고 있지 않은가!

둘째, 미래의 먹거리에 대한 진지한 고민이 필요하다. 지금 세계 각국은 미래 성장동력을 발굴하고 확충하기 위해 전쟁을 방불케 할 정도로 치열한 경쟁을 해나가고 있다. 특히 세계 제1, 2위의 경제대국인 미국과 중국은 21세기 최강대국이 되기 위한 패권전쟁을 격렬히 치르고 있다. 이런 상황에서 과거와 달리 '빠른 추격자(Fast Follower)'가 세계 시장에서 일정 부분 파이를 가져갈 수 있는 여지는 점차 사라지고 있다. 이제 '시장 선도자(First Mover)'만이 살아남게 되는 승자독식의 세상이 되고 있다.

이처럼 우리는 한순간의 일탈도 용납되지 않는 절박한 세상을 살아가고 있다. 그런데 정치지도자라는 사람들이 한가하게 사리사욕을 채우기 위한 정쟁에 몰두하는 것은 나라의 백년대계에는 전혀 관심이 없다는 것을 의미할 뿐이다. 이런 상황이 지속되면 결국 나라가 망하게 된다. 따라서 나라의 장래를 걱정하는 유권자들은 이를 반드시 심판해야 한다.

셋째, 양극화의 시정과 경제민주화를 기하기 위한 정책도 합리적으로 추진해 나가야 한다. 이를 위해서는 거시경제정책, 교육 및 복지증

진정책, 부동산 투기 억제와 지역균형발전시책, 재벌 정책과 공정거래시책 등을 종합적으로 연계시켜 합리적 방안을 마련해야 한다. 지금까지는 지나치게 재벌 정책과 공정거래시책 일변도의 정책에 초점이 맞추어져 있었다. 이 경우 중장기적으로는 오히려 정책의 균형을 잃고 더 큰 부작용이 야기될 가능성이 없지 않다. 따라서 다양한 정책들을 적절히 조합해 나가야 한다.

특히, 거시경제정책이 가장 기본이 된다는 점을 인식하고 관련 시책들을 추진해 나가는 것이 중요하다. 서민금융 활성화와 가계부채 대책을 착실히 추진해 나가야 한다. 그리고 물가를 안정시키고, 특히 서민들의 가계부담 완화를 위한 생활물가 안정에 역점을 두어야 한다. 서민들의 주거생활 안정을 지원하기 위해 전세자금난 완화와 임대주택 공급의 확충에도 더 많은 노력을 기울여야 한다.

미래 삶의 문제들이 걸려 있는 출산 장려와 보육 지원시책, 국민연금과 건강보험 개혁, 교육 개혁 등의 개혁과제들도 풀어나가야 한다. 또한, 에너지자원의 안정적인 확보와 기후환경협약에도 능동적으로 대처해 나가기 위해 심도 있는 토론의 장을 펼치고, 아울러 국민적 공감대를 얻기 위한 노력을 강화해 나가야 한다.

## '폴리티션'이 아닌 '스테이츠맨'

이처럼 산적해 있는 과제들을 풀어나갈 합리적이고 실효성 있는 정책을 발굴해 내는 것은 기본적으로 정부의 몫이다. 그러나 정부가 제대로 된 정책을 제시하지 못하면 국회나 정치인도 나름의 대안을 마련하는 노력을 하면서 정부가 정책을 개발하도록 끊임없이 촉구해야 한다. 또한 정책 토론의 장을 활짝 펼쳐야 한다. 이것이 정치권의 역할과 책무이다.

한편, 정책 토론의 과정에서는 서로 다른 정파 간에 치열한 경쟁을 하는 것이 당연하며 때로는 거친 언사도 오갈 수 있다. 그러나 일단 결정된 정책에 대해서는 정파를 초월한 협력이 중요하다. 그래야만 정책이 실효성을 거둘 수 있게 된다. 특히 오늘날과 같이 국제 사회에서의 경쟁이 치열하고 불확실성이 큰 시대에는 모든 국민이 단결하여 하나가 되는 것이 경쟁력이라는 사실을 인식해야 한다. 협력을 통해서 사람들은 서로 다른 다양한 가치를 존중하고 공동으로 성취해 내는 기쁨을 누릴 수 있다.


정치인은 한마디로 지도자이다. 지도자의 길은 영광스럽기도 하지만 다른 한편으로는 외로운 가시밭길이기도 하다. '노블레스 오블리주(Noblesse Oblige)'의 실현을 위해 때로는 자기희생과 손해를 감수해야만 하기 때문이다. 침몰하는 거대한 유람선 '타이타닉(Titanic)' 호의 에드워드 스미스 선장이 구명보트를 마다하고 운명을 같이했던 것도 이런 이유에서 비롯된 것이리라.

영어로 '스테이츠맨(statesman)'과 '폴리티션(politician)'은 다 같이 정치인이란 의미를 지니고 있다. 그러나 내용상의 차이는 크다. 스테이츠맨은 다음 세대(next generation)에 시선을 향하고 있는 데 반해, 폴리티션은 다음 선거(next election)에 시선이 향하고 있다. 한마디로 폴리티션은 '정치인'이 아니라 '정치꾼'이다. 국민을 행복하게 해주는 것이 좋은 정치이며 이러한 정치를 하는 사람이 좋은 정치인이다.

불투명한 장래의 삶에 혼란스러워하는 우리 국민들은 선거의 달인이나 당리당략에 정통한 폴리티션 보다는 진정으로 국민의 편에 서서 국정을 돌보는 스테이츠맨들이 정치권에서 활동할 수 있기를 기대하고 있다. 이제부터라도 국회가 정쟁의 싸움터가 아닌 합리적인 정책 토론의 장으로 탈바꿈되어야 한다.

# 04
# 갈등 관리의 강화

## 갈등에 매몰된 천문학적 경제 손실

　지금 우리 경제사회 곳곳에서는 갈등 현상이 표출되고 있을 뿐만 아니라 갈수록 심화되는 추세에 놓여 있다. 즉 계층간·세대간·지역 간·남녀간 그리고 이념상의 갈등에 이르기까지 매우 다양한 형태의 갈등 현상이 우리 사회를 어지럽히고 있다. 아직도 교착상태에 있는 의료대란도 그렇다. 문제는 모든 갈등에는 엄청난 비용이 발생한다는 점이다. 경제적 손실은 물론 국민통합 저해, 사회 불안 등 비용을 수반하게 된다.

　삼성경제연구소에 따르면 갈등으로 인한 우리의 경제적 손실을 돈으로 환산할 경우 연간 최대 246조 원에 이른다고 한다. 정부가 실시한 '사회적 갈등으로 인한 경제적 비용 분석' 연구용역 보고서에서도 지난 10년(2013~2022년)간 발생한 사회 갈등의 경제적 비용은 2,327조 원, 연평균 233조 원에 달하는 것으로 나타났다. 또 현대경제연구원은 우리나라의 사회적 갈등 수준이 OECD 평균 수준으로 개선된다면 경제성장률은 0.2%포인트 올라갈 것으로 전망했다.

이와 같은 엄청난 경제적 손실을 방지하고 나아가 체제의 안정을 기하기 위해서는 제대로 된 갈등 관리가 매우 중요하다. 그런데 이 갈등 관리의 가장 핵심적인 역할을 하는 사람이 정치지도자이다. 따라서 정치지도자에게 중요한 덕목은 사회구성원들과의 의사소통 능력, 상대방 설득 능력, 합리성과 균형감각 등이라 하겠다. 아울러 사회구성원들도 나눔과 포용, 배려와 양보의 정신을 최대한 발휘해야 갈등 관리가 실효성을 거둘 수 있다.

## 보수와 진보의 건강한 균형과 조화

보수와 진보가 건강하게 균형과 조화를 이루어야 한다. 최근 우리 사회에는 보수와 진보, 또는 우익과 좌익 간의 이념 갈등이 가장 고질적이면서도 심각한 문제로 떠오르고 있다. 물론 보수와 진보가 완벽하게 양립하기란 쉽지 않을 것이다. 그러나 보다 대국적인 견지에서 국가 전체의 이익을 위해서 서로의 단점을 보완하고 잘못된 부분은 고쳐나가야만 한다. 보수가 추구하는 최고의 가치이념인 자유의 신장을 위해서는 진보가 추구하는 최고의 가치이념인 평등을 일부 제한할 수도 있고, 반대로 평등의 강화를 위해서는 개인의 자유를 일부 제한할 수도 있어야 한다. 즉 자유와 평등의 조화와 균형을 통해 최대 다수의 최대 행복을 실현해야 한다.

말 그대로 '우익(右翼)' 즉 오른쪽 날개와 '좌익(左翼)' 즉 왼쪽 날개가 건강하게 균형과 조화를 이룰 때 비로소 잘 날아갈 수 있다. 따라서 보수와 진보는 서로 갈등하고 대립하기보다는 균형과 조화를 이루어야만 한다. 다시 말해 보수냐 진보냐의 선택의 문제가 아니라, 자본주의 체제를 바탕으로 하면서 지속적인 개혁을 추진해 나가는 것이 더 중요하다. 이것이 우리 국민 모두를 살리는 상생의 길이다.

이처럼 보수와 진보가 건전한 균형점을 찾아갈 때 우리 경제는 한단계 더 업그레이드할 수 있다. 이는 덩샤오핑의 '흑묘백묘론'에서도 엿볼수 있다. 정치권은 앞장서서 이를 실현해야 나가야 한다. 이 과정에서 정치인은 서로 소통하고 이견이 있더라도 조금씩 양보와 타협하는 자세를 견지해야만 한다. 그리고 일단 결정된 정책에는 아낌없는 협력을 해나가야 한다. 이와 함께 중산층을 한층 더 두껍게 육성해 나가는 것이 중요하다. 이는 중산층이란 중간에서 중재해 주고 상호 다른 입장을 조율해 줄 중간 입장을 지닌 계층이기 때문이다.

## 근로자와 기업은 한 팀

노사 간의 협력도 강화해 나가야 한다. 노조 파업은 결국 당사자인 기업과 근로자 모두의 공멸을 초래한다. 생산 차질과 제조원가 상승, 그리고 평판까지 나빠진 기업은 얼마 가지 않아 문을 닫을 수 있다. 그렇게 되면 근로자들 또한 직장을 잃게 되는 것은 자명한 일이다. 모기업이 문을 닫으면 협력업체들도 덩달아 문을 닫게 되는 연쇄반응이 이어진다. 반대의 경우에도 마찬가지이다. 즉 협력업체가 파업할 경우 모기업이 부품 공급상의 애로를 겪게 되어 결국은 모기업의 생산라인도 멈추게 된다. 모기업 근로자들의 임금을 올려주기 위해 하청업체의 숨통을 더 조이는 경우도 생길 수가 있다.

특히 불법파업은 이제 더이상 안된다. 불법파업의 해법은 법과 원칙의 적용뿐이다. 더욱이 폭력적 불법행위에 대해서는 엄정한 공권력이 집행되어야 한다. 노조문화도 바뀌어야 한다. 파업을 예사로 생각하는 풍토가 바뀌어야 한다. 노동조합은 정치집단이나 이념집단이 아니라 어디까지나 노동자들의 고용조건이나 지위를 향상시키기 위해 활동하는 단체라는 점을 명심해야 한다. 파업으로 인해 겪게 되는 소비자와 일반 국민의 경제적 손실과 큰 불편도 염두에 두어야 한다.

기업의 노사관도 개선되어야 한다. 기업이란 이윤획득이란 공통목표를 가진 사람들의 협동체이다. 그런데 현실 기업경영에서는 늘 사람을 이윤획득의 도구로만 생각해 왔지, 소중한 인격체라는 점에 대한 배려에는 소홀했다. 이 문제를 극복하기 위해서 경영자는 사람을 자원이 아닌 인격체로 복원시켜야 한다. 그리고 구성원들이 겪는 어려움을 이해하고 나누며, 그들이 즐겁게 일할 수 있는 일터를 만드는 데 힘써야 한다.

근로자를 기업 경쟁력을 형성하는 가장 중요한 인적자원으로 인식해야 한다. 21세기 지식경제에서는 창의성과 독창적인 아이디어가 경쟁력을 결정하는 핵심요소가 되고 있다. 즉 기업이 창의적인 능력을 지닌 양질의 인력을 얼마나 확보하느냐가 가장 중요한 과제가 되고 있다. 따라서 근로자들의 교육과 훈련에 더 많은 투자가 이루어져야 한다.

작금의 글로벌 경제전쟁 시대의 상황은 근로자와 기업, 양자 간에 누가 더 많이 챙길 것인가의 1:1 승부가 아니다. 근로자와 기업이 한 팀이 되어 함께 이기느냐, 아니면 함께 패배자가 되느냐는 동반자의 게임이다. 불법적인 파업이 계속 이어진다면 우리 경제는 무한경쟁 시대에서 살아남기 어렵고 결국 국가 전체가 거덜나고 말 것이다. 따라서 대립과 갈등의 노사 관행을 버리고 동반자적 관계를 구축해야만 한다. 우리는 서로 협력하고 존중하는 가운데 경쟁을 함으로써 더 바람직한 성과를 만들어내고 모두가 행복한 경제사회를 만들어 나가야 한다.

## 세대 간, 남녀 간의 소통과 배려 증진

젊은 층과 기성세대 상호 간에도 진정한 소통과 배려, 협력이 중요하다. 청년들은 기성세대의 생각과 사고방식을 존중하고 수용하는 자세가 필요하다. 윗세대는 옛것을 익히고 그것을 미루어서 새것을 안다는 뜻의 '온고지신(溫故知新)'처럼 삶을 통해 얻은 경험과 지혜가 풍부하다. 아울러 그들이 지금의 대한민국을 만든 공로도 인정되어야 한다.

기성세대도 시대에 뒤떨어진 자신들의 잘못된 관습과 폐습은 버려야 한다. 대신 새로운 시대의 주인공들인 청년세대가 희망과 비전을 지니고 그들의 열정이 꽃을 피울 수 있도록 지원해 주어야 한다. 이처럼 젊은 세대는 마음을 열고 기성세대는 젊은이들을 이해하면서 서로가 부족한 점을 채워준다면 세대 갈등은 조금이나마 해소될 것이다. 한마디로 기성세대의 경륜과 젊은이의 열정이 어우러진다면 환상적인 콤비가 될 것이다.

끝으로 최근 심화되고 있는 남녀 간의 갈등 또한 이러한 배려와 소통 노력을 통해 치유될 수 있다. 남녀 갈등 현상은 그동안 우리 경제사회에 깔려있던 가부장제라는 역사적·문화적 전통과 구조적 문제에서 비롯되고 있다. 더욱이 일자리 부족은 이를 한층 더 증폭시키고 있다. 이의 해소를 위해 남녀는 상대방의 입장을 서로 존중하며 상생과 공존할 수 있는 분위기를 조성해 나가야 한다. 특히 남성들의 인식 변화가 중요하다.

최근 '우먼 파워(woman power)'가 커지고 있는 현상을 그동안 우리 사회가 지나치게 남성 위주로 돌아간 데 대한 반성과 함께 이를 정상화해 나가는 과정으로 이해해야 한다. 다시 말해 양성평등이란 가정과 사회에서 일어나는 일들을 남녀가 공동으로 책임을 지고 해결해 나가는 과정을 뜻하는 것으로, 이를 통해 남성들은 그동안 자신이 주로 졌던 무거운 짐을 다소 덜 수 있게 된다. 이는 결국 남성과 여성이 함께 발전하는 상생의 길이 되는 것이다.

# 05

# 경제의 기초체력을 탄탄하게

한국 경제가 당면한 어려움을 극복하고 선진경제로 업그레이드하기 위해서는 무엇보다 기술력과 혁신을 바탕으로 산업의 경쟁력을 강화하는 것이 중요하다. 그리고 창의적인 인재양성을 위한 투자를 늘려 나가야 한다. 이는 한마디로 경제의 기초체력(fundamental)을 탄탄히 다져야 한다는 것이다. 아울러 경제사회 시스템도 경제력에 걸맞게 선진화시켜 나가야만 한다.

## 혁신을 통한 산업의 경쟁력 강화

첫째, 혁신을 통해 산업의 경쟁력을 강화해 나가야 한다. 우선 심각하게 훼손되고 있는 반도체와 자동차, 철강, 석유화학, 조선 등 우리의 전통 먹거리산업의 경쟁력을 한시바삐 회복시켜야 한다. 아울러 새로운 성장동력을 확충해 나가야 한다. 향후 세상을 바꿀 게임 체인저(game changer)는 과학기술이기 때문이다. 특히 인공지능(AI, artificial intelligence), 생명공학(Bio), 양자역학, 우주 개발 관련 기술 분야가 그러하다. 이는 최근 챗GPT가 불러온 사회적 파장에서도 여실히 드러난다. 기술 하나가 세계 전체의 인력시장 구조와 산업 판도를 송두리째 바꾸어 놓고 있음을 실감하고 있다. 현재 벌어지고 있는 반도체 전쟁 또한 결국은 인공지능 기술패권 경쟁에서 비롯된 것이다.

따라서 우리도 이러한 미래산업의 육성을 위한 투자 확대와 생태계 조성에 최선의 노력을 해야 한다. 즉 기술 발전을 선순환시켜 나갈 수 있도록 자본력을 지닌 대기업과 핵심부품을 생산하는 중소기업, 그리고 원천기술을 보유한 스타트업(start up) 상호 간의 협력과 공생 관계를 구축시켜야 한다. 아울러 핵심부품·소재산업, 성장 가능성이 큰 중소기업들을 일컫는 유니콘(unicorn) 기업과 히든챔피언(hidden champion) 육성에도 힘을 쏟아야 한다. 특히 기술력과 아이디어를 지닌 스타트업(startup)의 육성을 통해 이들이 유니콘 기업으로 성장하거나 대기업과의 M&A를 통해 진가를 발휘하도록 지원해야 한다.

세계 시장에서 AI 유니콘 기업의 수는 미국은 120개, 중국은 71개에 달한다. 그러나 우리나라는 하나도 없다. AI 유니콘을 보유한 국가는 미국과 중국 외에도 영국, 프랑스, 캐나다, 싱가포르, 일본, 대만, 이스라엘 등이 있다. AI 시장을 미국과 중국이 주도하고 있지만 일본과 대만은 물론이고 GDP 규모가 우리보다 작은 국가에도 유니콘이 있는 걸 고려하면 분발해야 한다.

## 독창적인 아이디어가 경쟁력의 핵심요소

둘째, 우리에게 가장 중요한 경쟁력의 원천인 인적자산을 최대한 효율적으로 활용하는 것이 중요한 과제이다. 4차 산업혁명과 인공지능의 시대에서는 창의성과 독창적인 아이디어가 경쟁력을 결정하는 핵심요소이다. 따라서 합리적 추론화 과정을 거쳐 사람들이 원하는 것을 발견해 내는 문제 해결 능력이 새로운 시대가 원하는 능력이 될 것이다. 즉 동일한 데이터를 가지고도 다른 사람들이 보지 못하는 것을 볼 수 있는 능력이 경쟁력의 요체이다.

이에 따라 창의적인 능력을 지닌 양질의 인력 확보가 중요한데, 이를 위해서는 교육방식을 기존의 스펙 쌓기와 주입식 위주에서 창의성과 독창적인 아이디어를 살리는 방향으로 전환해 나가야 한다. 그리고 산업현장과 밀접히 연계된 실용적인 교육 프로그램이 마련·추진되어야 한다. 아울러 기업의 채용 관행도 창의성과 인성 수준에 더 역점을 두도록 개선하여 한다.

창의성이란 무엇일까? 창의성에 대한 여러 가지 정의들이 있지만, 일반적으로 새롭고 독창적인 무언가를 만들어내는 능력을 의미한다. 또 창의성은 기존 관습이나 틀에 얽매이지 않고 무엇인가 새로운 것을 추구하는 상상력 같은 것을 의미하기도 한다. 이렇게 볼 때 상상력이 풍부할수록 창의적이고 창의적일수록 상상력이 높다. 아인슈타인 박사는 "상상력이 지식보다 더 중요하다. 왜냐면 지식은 우리가 현재 알고 있고 이해하고 있는 것에만 한정되지만, 상상력은 앞으로 알려지고 이해해야 할 모든 세계를 포용하기 때문이다."라고 말했다.

그런데 이제 세상에 없던 것을 새로이 만들어 내는 것만을 창의성으로 간주하지 않는다. 기존에 있던 다양한 경험과 지식을 연결하여, 기능과 디자인이 업그레이드된 또 하나의 변형된 제품을 만들어 내는 것도 창의성에 해당한다. 이는 이제 세상은 전문지식보다 연결지성 즉 융복합 능력을 오히려 더 중요시한다는 의미이다. 무엇인가를 창의적으로 만들어내기 위해서는 전문지식이 중요한 전제 요건이 되는 것이 사실이다. 그러나 초연결성을 핵심으로 하는 4차 산업혁명 시대에는 다양한 분야의 지식과 경험과 함께, 이들을 융복합할 수 있는 능력이 오히려 더 중요해질 것이다.

스티브 잡스는 '창의적인 것은 연결에서 나온다(Creativity is just connecting things)'라는 말을 남겼다. 그의 말대로 2007년 세상을 뒤흔들어 놓은 아이폰은 핸드폰과 MP3, 노트북이 결합된 제품이다. 기존의 것들을 융복합하고 변주해 새로운 것을 창조해낸 것이다. 잡스와 아이폰을 통해 알 수 있는 것처럼 이제 창의성은 사전적 의미대로 세상에 없던 것을 새로이 만들어내는 것만을 의미하지 않는다.

## 경제사회 시스템과 관행의 혁신

셋째, 경제사회와 문화 전반에 걸쳐 일어나는 변화에 걸맞은 지배구조(governance)를 갖추기 위한 노력도 필요하다. 시스템과 관행을 바꾸고, 공공부문과 민간부문의 역할도 달라져야 한다. 이는 기본원리와 근본 개념에 대한 천착과 경제사회 시스템의 혁신 없이 대규모 투자 활동에만 매달리면 오히려 역효과가 날 가능성이 크기 때문이다.

현대 경제사회에서 국가경쟁력을 좌우하는 핵심적 투입요소는 지식과 기술이다. 그러나 이보다 더 중요한 기본적인 요소는 '사회적 신뢰'이다. 사회적 신뢰 수준이 낮은 국가는 경제사회 문제를 효율적으로 해결할 수 없다. 고속도로나 통신망 등과 같은 물질적 인프라가 경제·사회 활동의 효율성을 높이는 것과 마찬가지로 사회적 신뢰는 사회구성원 간의 협력을 촉진하여 경제사회 문제 해결의 효율성을 높이는 역할을 한다. 이러한 의미에서 사회적 신뢰는 '사회적 자본(social capital)'이라고 불린다.

사회적 자본이 부족한 사회는 기초가 부실한 건물과 같다. 신뢰의 부족하면 사회구성원들은 서로의 선의를 믿지 못하기 때문에 사회적 갈등이 증폭되기만 할 뿐 해결의 실마리를 찾지 못한다. 신뢰 부족은 사회적 갈등을 증폭시켜 국가적으로 엄청난 비용을 초래하고 있다. 정부가 국민의 신뢰를 얻지 못하면 사람들은 정부 발표나 전문가의 이야기보다도 인터넷에 떠도는 소문이나 근거 없는 주장에 더 귀를 기울이게 된다. 이로 인해 결국 경제를 포함한 국가 전체의 효율성과 경쟁력이 떨어지게 된다.

사회적 신뢰를 높이기 위해서는 사회구성원 간의 신뢰 구축이 중요하다. 사회적 신뢰는 사회구성원이 사회 문제를 '우리의 문제'로 인식할 수 있게 하여 복잡한 사회적 갈등을 원만하게 해결할 수 있도록 하기 때문이다. 이와 함께 사회적 신뢰를 손상하는 행위에 대해서는 반드시 사회적 제재가 가해져야 한다. 예컨대 허위 공시, 허위 보고, 허위 보도, 위증에 대한 처벌도 강화되어야 한다. 그리고 언론의 잘못된 보도, 속칭 '찌라시'와 인터넷에서 떠도는 유언비어 등 '아니면 말고'라는 사고방식의 풍토도 바로잡아야 한다.

정부의 기능과 운영 시스템 역시 투명하고 효율적으로 변해야 한다. 정부의 일하는 방식과 대국민 서비스를 혁신하고 국민의 참여를 촉진하는 스마트 정부가 되어야 한다. '스마트 정부(Smart Government)'가 실현되면 국민의 의사가 행정에 제대로 반영되어 대의정치 실현이 가능하게 되며 행정의 투명성도 높일 수 있다. 이를 통해 정경유착을 방지하고 지하경제를 와해시킬 수도 있다. 아울러 예산운영의 효율성도 기할 수 있게 된다.

일반 시민들도 신용사회 구현과 사회적 신뢰 구축에 적극적으로 동참해야 한다. 이를 위해 무엇보다도 기본과 원칙에 충실하고 부정부패 없는 맑고 투명한 사회 분위기를 조성·정착시키는 데 힘을 모아야 한다. 이것이 이행되지 않으면 선진사회가 아니라 오히려 뒷걸음쳐 나라가 망할 수도 있다.

# 06

# 금융경쟁력 강화와
# 통상능력 제고

## 낙후된 금융경쟁력

우리나라는 실물경제의 경우 제조업 경쟁력 세계 5위, GDP 규모 세계 14위의 위상을 지니고 있다. 그러나 금융경쟁력은 매우 취약하여 국제 금융시장에서 원화가 결제되는 비율은 0.1%로 30위권에 머무르고 있다. 이러한 금융 취약성은 스위스 국제경영개발대학원(IMD)이 발표하는 국가경쟁력 평가에서도 잘 나타나고 있다. IMD의 '2024 국가경쟁력 평가' 자료에 의하면 우리나라의 전체 경쟁력 순위는 67개국 중 20위였다. 반면 금융부문 순위는 29위에 불과하였다.

한때 우리나라 금융경쟁력이 아프리카의 우간다보다 못하다는 부끄러운 말이 시중에 나돌기도 했다. 이는 2015년 세계경제포럼(WEF)이 발표한 국가경쟁력 순위에서 한국의 '금융시장 성숙도'가 조사대상 140개국 중 87위를 차지하여 81위를 기록한 우간다보다 아래였던데 기인한다. 연이어 2016년 조사에서도 우간다가 77위, 우리는 80위를 차지하였다. 물론 조사방법 상의 문제가 없지 않았지만 우리나라 금융의 실상을 엿볼 수 있는 대목이다.

## 금융시스템과 관행의 혁신

그러면 우리나라 금융산업의 국제경쟁력 강화를 위한 과제는 무엇일까? 무엇보다 어떤 위기에도 흔들리지 않는 안정적인 금융시스템이 전제되어야 한다. 아울러 글로벌 표준에 부합하는 회계제도, 법적·제도적 투명성이 확보되어야 한다. 사실 우리나라는 1997년 IMF 금융위기에 이어 2003년 카드 사태, 2008년 글로벌 금융위기까지 전 세계 주요 선진국 중 가장 금융위기를 많이 겪었다. 자본시장도 불안정하여 작은 외부 충격에도 유동성 위기가 일어나고 있다. 이런 이유로 주식시장에서 공매도를 제한할 수밖에 없고, 원화의 국제화 추진에도 제약요인이 되고 있다.

이와 함께 금융기관의 영업행태와 관행을 과감히 혁신해 나가야 한다. 우리나라 은행들의 수익원 중 예대금리차에 의한 이자 비중이 지나치게 높다. 또 영업이익이 떨어져도 비용이 감소하지 않는 경직적인 비용 구조로 외부 충격에 취약하다. 그리고 부동산 투기를 조장하는 주택

담보대출 등 안전자산 쏠림 현상으로 투자자본이 부족한 실정이다.

이의 시정을 위해 은행들은 성장 가능성이 큰 스타트업(startup)에 대한 투자 확대 등 수익구조의 다변화 노력을 강화해야 한다. 또 여신 심사 관행을 담보 위주에서 상환 능력 위주로 변경하는 한편, 원리금 상환 방식도 이자만 갚다가 원금을 한꺼번에 갚는 거치식(据置式)에서 처음부터 원리금을 분할상환(分割償還)하는 방식으로 전환해 나가야 한다. 대출자금에 대한 금리 적용 방식도 금리 인상에 취약한 변동금리부 상품을 줄이는 대신 금리 변동에 비교적 안정적인 고정금리부 상품을 늘려나가야 한다.

자본시장도 건전한 투자 문화가 뿌리내릴 수 있도록 육성해야 한다. 이를 위해서는 시장 감시 기능을 강화하고 불법 투자행위에 대한 법집행도 엄정하게 할 필요가 있다. 특히, 주가조작 등 사기범죄에 대한 처벌 수위를 선진국 수준으로 대폭 강화할 필요가 있다. 즉 우리나라도 사기를 치면 패가망신 당한다는 걸 분명히 보여주어야 한다. 우리는 그동안 사기죄에 대한 솜방망이 처벌이 일상화되어 있었다. 반면, 미국의 경우 금융 사기죄에 대해서는 사실상 종신형까지 선고할 만큼 엄벌주의와 무관용 원칙을 고수한다.

## 외환 보유고 확충과 통화스와프 확대

이와 함께 외환 보유고를 확충하는 문제도 전향적으로 검토할 필요가 있다. 우리나라의 외환 보유고 규모는 2025년 1월 기준 4,110억 달러이다. 이에 대해 IMF에서는 적정한 수준으로 평가하고 있다. 그러나 수출 의존도가 높은 우리의 경제구조 특성상 언제 외환이 더 필요할지 모른다. 더구나 2021년 이후 우리의 외환 보유고 규모는 계속 줄어들고 있다. 최고치를 보인 2021년 11월의 4,692억 달러와 비교하면 무려 582억 달러나 급감하였다.

GDP 대비 외환 보유고 비율도 22%로 OECD 평균치 17.5%를 웃돈다고 하지만, 실제로 들여다보면 우리보다 비율이 작은 국가는 미국·중국·인도·독일 밖에 없다. 최근에는 경상수지가 흑자를 나타내고 있는 상황 속에서도 외환 보유고가 줄어드는 기이한 현상이 벌어지고 있다. 이는 정치적 불안 등에 따라 천정부지로 치솟은 환율을 방어하기 위해 외환 보유고를 사용하였기 때문이다. 이런 사실은 추가적인 외환 보유고 확충을 필요케 하는 논거가 될 것이다.

외환 보유고 확충과 함께 통화스와프도 확대해 나가야 한다. '통화스와프(currency swap)'는 서로 다른 통화를 미리 약정된 환율에 따라 일정한 시점에 상호 교환하는 외환거래다. 환율과 금리 변동에 따른 위험(risk)을 헤징하거나 외화 유동성 확충을 통해 외환시장 안정을 기하기 위해 사용한다. 우리나라는 현재 중국, 스위스, 캐나다, 호주, 인도네시아, 말레이시아, 튀르키예, UAE, 일본 등 9개국과 협정을 맺고 있다. 미국과는 협정이 종료된 상태다. 따라서 미국과의 협정 체결 노력을 강화할 필요가 있다. 특히 최근 원화 환율의 가파른 상승을 감안할 때 더욱 그러하다.

암호화폐와 중앙은행 디지털화폐(CBDC, Central Bank Digital Currency)

에 관한 연구와 활용에도 더 전향적이어야 한다. 이의 한 방편으로 한국은행도 국제결제은행(BIS)이 주도하는 디지털화폐 연구팀에 합류할 수 있도록 해야 한다. 이들이 기존 법정화폐를 완전히 대체하기는 어렵겠지만, 보완적 역할은 충분히 할 수 있기 때문이다. 아울러 달러를 위시한 주요 기축통화국 지위를 가진 나라들이 CBDC 체제로 급속하게 전환할 가능성에 대비하기 위해서도 그러하다. 특히 암호화폐가 가져올 시장 혁신, 분권화와 민주화 등은 분명히 제고되어야 할 부분이다. 더욱이 블록체인(blockchain) 기술은 인공지능(AI) 시대를 열어나갈 핵심기술로 기대되고 있는 만큼 블록체인 생태계 활성화에 더 많은 힘을 기울여야 한다.

## 시대 변화에 부응하는 대외통상 전략의 강화

대외통상 전략면에서도 각 경제 주체들이 장기적 시야를 지니고 시대의 구조적 변화에 대비하고, 능동적으로 대응해 나가야 한다.

우선 정부는 더욱 유연하고 전략적인 사고에 입각한 대외정책을 펼쳐 나가야 한다. 무엇보다 미국과의 우호적 관계를 한층 더 강화해 나가야 한다. 미국은 경제뿐만 아니라 안보 측면에서도 여전히 가장 중요한 우방이기 때문이다. 이를 위해 대미무역수지 흑자 규모를 조정하기 위해 미국으로부터의 에너지 수입을 늘리는 방안이 추진되어야 한다. 또 대미투자를 늘리는 방편으로 멕시코 공장을 미국으로 이전하는 문제도 강구되어야 할 것이다.

또 중국과 아세안 시장을 심층적으로 파고드는 전략의 수립·추진이 필요하다. 2023년 기준 우리나라 수출 가운데 중국 19.8%와 아세안 24.4%의 비중이 미국 18.3%와 일본 4.6%보다 높다. 경제 규모도 중국을 위시한 브릭스(BRICS) 국가들이 G7에 근접하며 점점 커지고 있다. 이러한 경제의 흐름을 고려해서 앞으로의 대외경제정책을 추진해 나가야 한다. 또 시장 다변화 차원에서 유럽, 중남미와의 교역 규모도 증대시켜 나가야만 한다.

아울러 자유무역협정(FTA) 영토도 넓혀나가야 한다. 우리나라는 현재 전 세계 GDP의 85%를 차지하는 국가들과 FTA를 맺고 있어 싱가포르에 이어 2번째로 FTA 영토가 넓은 국가이다. 2024년 말 기준 우리나라는 59개국과 22건의 FTA를 체결하였다. 정부는 FTA 네트워크를 계속 넓혀 GDP 90%를 차지하는 국가들로까지 확대하겠다는 계획을 차질없이 추진해 나가야 한다. 이 경우 싱가포르를 제치고 세계 1위가 된다. 핵심 광물자원·성장잠재력이 큰 아시아·아프리카 등 주요 거점국과의 경제동반자협정(EPA, Economic Partnership Agreement)도 적극 추진해야 한다. 이후 인근 미개척 국가까지 통상 네트워크를 확대해 나가야 한다.

다만, 우리의 경우 지정학적 특성상 안보 문제도 동시에 고려해야 하는 점은 걸림돌이다. 최근 들어 우리의 최대 동맹인 미국은 편가르기 전략을 노골적으로 구사하고 있다. 그 결과 우리는 미국과의 안보 동맹 관계를 견고히 구축하는 과정에서 과거 한한령(限韓令)에서 보듯이 중국으로부터의 경제보복을 받게 될 공산이 크다. 이래저래 우리는 운신의 폭이 좁아지고 있다. 그래서 세련되고 전략적인 사고에 입각한 외교역량이 필요하다.

　기업과 개인들도 적극적인 리스크 관리에 나서야 한다. 기업은 수출시장 다변화와 외환 거래의 변화에 적극적으로 대응해 나가야 한다. 멀지 않은 시기에 중국은 한국 상품을 수입하면서 달러 대신 위안으로 결제할 가능성이 없지 않기 때문이다. 이와 함께 개인의 투자자산 운용 포트폴리오(portfolio)도 미국과 중국 등 과도한 특정국 편중에서 벗어나 다원화하는 것이 투자 수익률 제고와 리스크 관리 측면에서 바람직하다.

# 07

# 중산층 육성과
# 사회안전망 확충

## 중산층 육성의 필요성

'중산층'의 개념은 중위소득의 75~200%에 해당하는 계층을 의미한다. 사람으로 치면 허리에 해당하는 부분이다. 만약 사회계층이 중간을 중심으로 안정적으로 분포하지 않고 심하게 양극화 현상을 나타내면 사회적 갈등이 심화한다. 이는 중간에서 중재해 주고 상호 다른 입장을 조율해 줄 중간 입장이 줄어들기 때문이다. 그 결과 사회의 중심적 가치와 문화도 올바로 정립되지 못하게 된다.

또 중산층은 국가 경제의 원동력이자 조세 납부의 중추이다. 중산층의 삶이 팍팍해져 소비가 위축된다면 전체 경기가 부진해지게 된다.

**제4장** 어떻게 위기에서 벗어날 것인가?

자연히 조세수입이 떨어져 재정의 건전성도 부실해지는 악순환에 빠지게 된다. 따라서 중산층이 부실할 경우 국민 전체가 부실하게 되는 결과를 초래하게 된다.

중산층의 붕괴는 희망의 붕괴와 같다. 계층 상승의 사다리가 끊기게 되어 아무리 열심히 일해도 소용이 없을 것이라는 좌절감에 빠지게 된다. 도전의욕을 잃게 된다. 도전이 없는 사회는 활력이 생길 리 없다. 양극화 현상과 사회적 갈등 현상이 심화되어 우리 경제사회의 붕괴로 이어질 수밖에 없다. 따라서 안정적이고 지속발전 가능한 경제사회 구조를 만들기 위해서는 두터운 중산층의 확보가 필수적이다. 그러나 현실은 일자리 부족, 양극화 심화 등으로 날이 갈수록 중산층이 취약해지고 있다. 자신을 중산층으로 여기는 비율도 떨어지고 있다.

## 거시경제 운용의 효율성 제고

그러면 양극화 완화와 중산층을 육성하기 위해서는 어떤 시책을 취해 나가야 할까?

첫째, 무엇보다도 일자리를 늘려나가야 한다. 이를 위해서는 매년 경제성장률을 3% 수준으로는 유지해 나가야 한다. 특히 서민들의 체감경기가 살아날 수 있도록 해야 한다. 실효성 있는 소상공인 보호시책의 마련·추진은 이를 위한 중요한 방안이 된다. 소상공인은 전체 사업체의 80% 이상을 차지하는 서민경제의 근간이다. 그러나 이들의 경영환경은 매우 열악한 상황이다.

둘째, 물가 안정을 기해야 한다. 물가의 안정은 서민 생활을 영위해 나가는 데 가장 중요한 전제 요건이 된다. 이는 소득이 일정한 상황에서 물가가 오르면 그만큼 실질소득이 줄어들어 가계수지에 주름살이 생기게 되기 때문이다. 특히 생필품 가격 안정에 더 많은 노력을 기울여야 한다. 우리나라의 소비자물가는 2% 수준에서 비교적 안정되어 있다. 그러나 정작 서민들의 생활 안정에 직결되는 생활필수품 가격과 장바구니 물가는 그렇지 못해 서민들을 시름에 빠뜨리고 있다.

셋째, 서민들의 주거안정을 위한 노력도 강화해 나가야 한다. 부동산 투기 광풍 속에서 서민들의 주거 생활이 불안하다. 높은 주거비는 전세대란과 저출산의 원인이 되고 있다. 그동안 우리 정부는 부동산을 갖고 있거나 구입할 능력이 있는 사람들을 위한 주택공급 정책에 치중해 왔다. 서민주택이라 할 수 있는 공공임대주택의 공급은 부족하여 2022년 기준 약 186만 호에 달한다. 이는 전체 가구 대비 8.9% 수준으로, 네덜란드 34%, 영국 17% 프랑스 14%에 비해서는 많이 낮은 편이다. 이에 더해 주택 및 상가건물 임대차제도가 부실하여 서민들의 주거 안정성과 자영업자들의 영업 안정성을 위협하고 있다.

이러한 문제들을 해소하기 위해서는 공공임대주택을 확대 공급하는 한편 거주여건도 개선해 나가야 한다. 그리고 실효성 있는 전월세 대책을 마련·추진하면서 아울러 주택 및 상가 임차인 보호제도도 개선해 나가야 한다.

넷째, 서민금융도 활성화해 나가야 한다. 이를 위해서는 무엇보다도 서민들이 더 쉽게 필요자금을 공급받을 수 있도록 접근성을 높여나가야 한다. 그리고 금융제도와 관행을 개선하여 서민들의 자금조달 비용을 지속해서 줄여나가야 한다. 역진적인 금융수수료 체계, 꺾기 등 서민 금융소비자에게 불리한 금융 관행을 개선하고 중소상공인에 대한 카드 수수료도 지속해서 낮춰나가야 한다.

## 사회안전망 확충과 복지 인프라 내실화

끝으로 사회안전망(Social Safety Nets)을 확충해 나가야 한다. 사회안전망은 광의로 볼 때 모든 국민을 실업·빈곤·재해·노령·질병 등의 사회적 위험으로부터 보호하기 위한 제도적 장치로서, 사회보험과 공공부조 등 기존 사회보장제도에 공공근로사업, 취업훈련 등을 포괄한다. 이러한 사회안전망의 목적은 모든 사회적 위험으로부터 국민의 재산과 생명을 보호하고 국민의 기본 복지 수요를 보장하는 데 있다.

그런데 우리나라의 사회안전망은 아직 여러 가지면에서 미흡한 상황이다. 우선 사회보험 가입률이 뚜렷한 양극화 현상을 나타내고 있다는 점이다. 정규직과 비정규직 간의 2023년 기준 사회보험 가입상황을 보면 연금보험은 정규직 88.0%와 비정규직 38.4%, 고용보험은 91.9%와 54.2%, 건강보험은 94.3%와 52.6%로 각각 나타났다.

또 소득이 정확하게 파악되지 않아 사회보장 혜택의 수급대상자 선정에도 어려움을 겪고 있다. 여기에다 복지서비스가 정형화되어 있어

개별 수요자에게 적합한 사회보장 혜택이 주어지지 못하는 실정이다. 이로 인해 재정의 낭비뿐만 아니라 복지 혜택을 꼭 받아야 할 사람이 제대로 받지 못하는 결과를 초래하게 된다.

이를 시정하려면 기본적으로 사회적 안전망을 보다 확충하고 내실화해 나가야 한다. 그리고 수급대상자 선정이 제대로 될 수 있도록 개인의 재산과 소득의 정확한 파악 등 제도 개선이 뒤따라야 한다. 이와 함께 공급자 위주의 복지정책에서 수혜자가 실제로 필요로 하는 수요 맞춤형으로 전환해 나가야 한다. 아울러 참여자의 능력과 유형에 따른 다양한 자활 근로사업과 창업을 위한 지역자활센터 활용 등 자활을 위한 지원사업의 내실화도 기해야 한다.

이와 함께 복지 인프라도 내실화를 기해 나가야 한다. 계층 간의 소득 격차가 갈수록 더 커져가면서 서민들의 삶은 어려워지고 있다. 이러다가는 지속적 성장이 불가능한 것은 물론이고 당장 우리 사회가 커다란 혼란에 빠질 우려도 없지 않다. 이런 상황에서 선제적으로 예방적 복지 인프라를 구축하지 않으면 향후 복지 지출 비용은 훨씬 더 커질 수 있다. 특히 저출산·고령화의 충격을 완화하기 위해서 전략적으로 복지 인프라를 구축해가는 작업을 서둘러야 한다.

이러한 사회안전망 확충과 복지 증진 과정에서 재원 조달 문제에 대한 심각한 고민이 전제되어야 한다. 어떤 식이든 복지재원 문제에 대한 구체적인 계획이 없는 한, 그것은 공허하거나 재정 악화 등 커다란 문제를 낳을 수밖에 없다.

**제4장** 어떻게 위기에서 벗어날 것인가?

# 08
# 나눔과 배려의
# 정신문화 확산

우리 경제사회를 따뜻하고 행복한 곳으로 만들기 위해서는 사회구성원들이 서로 친밀하고 협동적인 인간관계를 형성해 나가야 한다. 그리고 새로운 시대, 새로운 사회가 공유할 새로운 비전과 가치를 만들고 실현해 나가야 한다. 이러한 새로운 가치의 핵심 구성요소는 다른 사람들과의 협력, 나눔과 배려 등이라 할 수 있다.

## 나눔은 관심에서 시작되는 최고의 사랑

나눔은 주위에 끊임없이 따뜻한 관심을 가질 때 가능하다. 나눔은 관심으로부터 시작되어 실행으로 옮겨지기 때문이다. 나눔은 돈이 많아야만 가능한 것은 아니다. 돈을 많이 벌어야만 나눌 수 있다고 생각한다면 우리는 평생 나누지 못할지도 모른다. 나아가 꼭 돈으로만 나눌 수 있는 건 아니다. 자신의 지식, 경험이나 가지고 있는 재능을 나눌 수도 있다. 그리고 시간을 나눌 수도 있고, 시선을 나눌 수도 있고, 생각을 나눌 수도 있고, 마음을 나눌 수도 있다.

　1998년 하버드대 연구팀이 흥미로운 실험 결과를 발표했다. 사람의 침에는 면역항체가 있는데 일반적으로 근심이나 긴장이 계속되면 침이 말라 이 항체가 줄어들게 된다. 연구팀은 하버드대생 132명의 항체 수치를 확인한 후 테레사 수녀의 다큐멘터리 영화를 보여줬다. 결과는 놀랍게도 학생들의 면역항체 수치가 50%나 증가하였다. 선한 행동을 직접 하지 않고 보거나 생각하는 것만으로도 면역력이 높아진다는 사실이 입증된 것이다. 이후 이러한 현상을 두고 '마더테레사 효과(The Mother Teresa Effect)'라고 부르고 있다.


　기부는 남을 위해서 베풀 수 있는 최고의 사랑이며, 조건 없는 사랑의 표현이다. 미국에서는 그동안 역사적으로 록펠러(Rockefeller)에서부터 빌 게이츠(Bill Gates)에 이르기까지 많은 기업가들이 자선재단 등을 만들어 교육이나 사회복지, 빈곤 퇴치 등을 위해 노력해 왔다. 물론 이처럼 거액의 기부행위도 값지지만 기부금은 매우 적은 금액이어도 값지다. 특히 우리의 경우 지금까지 국가나 사회에 기부금을 낸 분들을 보면 돈이 많아서 기부한 것이 아니라는 사실을 알 수 있다. 경제적으로 어려운 가운데서도 푼푼이 모은 돈이거나, 여유가 있더라도 검소한 생활을 통해 절약한 돈을 기부하는 경우가 훨씬 더 많았다. 그래서 더욱 감동적이다.

사회봉사활동 또한 바람직한 나눔의 한 유형이다. 그동안 살아오는 과정에서 축적된 다양한 지식과 경험, 능력들을 사회에 환원할 수 있는 길이 있다면, 노후생활이 얼마나 보람되고 행복하게 느껴질까? 이는 비록 현역에서는 은퇴해 뒷전으로 물러나 있지만 사회봉사활동을 통하여 자신의 존재감이 여전하다는 것을 확인할 수가 있기 때문이다. 그리고 이 사회봉사활동은 중년세대가 후배세대들에게 남겨놓은 미완의 과제들을 해결해 나가는 데 기여하는 방편도 될 수 있다.

## 배려는 인간성 형성에 으뜸되는 덕목

배려는 인간성을 형성하는 데 있어 가장 으뜸 되는 덕목이다. 배려의 기본 속성은 상대방의 입장에서 생각하고 행동하는 데 있다. 배려가 부족한 사람의 가장 큰 특징은 자기중심적이라는 것이다. 서로 대화를 할 때도 배려할 줄 모르는 사람은 상대방의 말에 귀를 기울이지 않고 자신의 말만 늘어놓는다. 경청하려는 마음가짐이 부족하다. 우리가 귀로 듣고 마음으로 들을 때 비로소 상대방을 이해할 수 있게 된다.

나 자신과 모습이 다르고 생각이 다르고 취향이 다르다고 해서 미워하거나 싫어하는 것은 곤란하다. 우리 민족은 동질성 의식이 강해 이런 경향이 농후한 편이다. 다문화가정과 가족을 비하하거나 조롱하는 태도, 세대 간의 문화와 취향이 다른 것을 이해하려 들지 않고, 오로지 자신만의 생각을 강요하고 고집하는 태도는 더불어 살아가기 위한 바람직한 자세가 아니다.

우리는 바쁘다는 핑계로 다른 사람이 양보하기를 강요하며 살아간다. 기다리면 손해를 본다는 생각에 젖어 있는 사람들에게는 작은 배려도 기대하기가 어렵다. 그러나 행복은 작은 배려로부터 시작된다는 것을 잊어서는 안된다. 배려는 사소한 관심에서 출발한다. 역지사지(易地思之)의 자세로 상대방의 입장을 헤아리다 보면 배려의 싹이 움트는 것이다.


우리가 매일 일상생활을 해나가는 데도 배려가 필요한 분야가 적지 않다. 앰뷸런스 차량이 긴박하게 사이렌을 울리며 다가오는데 길을 비켜주지 않는 사회는 선진화된 사회라 할 수 없다. 주차할 때도 배려가 필요하다. 남의 차선을 침범해서 차량의 문을 열기도 어렵게 만들거나, 주차 공간 두 개에 걸쳐 차를 세워 남에게 피해를 주는 일 등은 삼가야 한다.

이처럼 배려는 우리 사회가 한층 더 성숙해지고 선진화되는 데 가장 기본이 되는 요소이다. 그리고 '기쁨을 나누면 배가 되고, 슬픔은 나누면 반이 된다'는 이야기가 있듯이 기부와 나눔 같은 선행을 베푸는 활동은 모든 사람에게 긍정적인 결과를 낳게 된다. 아무리 물질적으로 풍요로운 사회라 하더라도 나눔과 배려의 정신이 부족하면 그 사회는 결코 행복하지 않으며 선진화된 사회라고 보기 어렵다.

이러한 나눔과 배려의 정신 함양을 위해서는 제대로 된 인성교육이

기반이 되어야 한다. 인성교육이란 마음의 바탕이나 사람의 됨됨이 등의 성품을 함양시키기 위한 교육으로, 지(知), 정(情), 의(意)를 조화롭게 발달시키는 것을 목표로 한다. 이는 나아가 개인적인 자아실현을 위한 가치교육이자 사회생활을 하면서 더불어 살아가기 위한 도덕교육이기도 하다. 이 인성교육은 가정에서부터 먼저 시작되어야 한다. 참다운 인성을 갖춘 사람으로 키우는 데는 학교에서의 인성교육도 중요하지만 어렸을 때부터 가정에서의 밥상머리 교육이 더 중요하다. 행복한 삶의 근원은 가정이기 때문이다.